70 ans de justice pénale des mineurs

COLLOQUES & RENCONTRES

Le secteur « Colloques et Rencontres » des éditions L'Harmattan s'est fixé pour but de publier des ouvrages universitaires à caractère collectif dans le cadre de trois rubriques thématiques :

- Lettres et sciences humaines
- Droit, économie et AES
- Sciences et santé

Ce secteur a la double vocation de donner un cadre éditorial cohérent aux chercheurs tout en permettant l'élargissement de leur audience.

Déjà parus

BROBBEL DORSMAN Anne, LAPÉROU-SCHENEIDER Béatrice, KONDRATUK Laurent (Dir.), *Genre, famille, vulnérabilité, Mélanges en l'honneur de Catherine Philippe*, 2017.
SOLBIAC Rodolphe et ALARIC Alexandre, *Littérature et arts postcoloniaux dans l'émergence civilisationnelle caribéenne,* 2016.
DELGA Jacques (Dir.) *Criminalité en col blanc, Délinquance d'affaires, délinquance financière, délinquance fiscale*, 2016.
SRIR Mohamed (dir.), *Dynamiques urbaines à Alger. La (re)fabrication de la ville en questions,* 2016.
SCARWELL Helga-Jane, LEDUCQ Divya et GROUX Annette (coordonné par), *Transitions énergétiques : quelles dynamiques de changement ?*, 2015.
CORROY-LABARDENS Laurence, BARBEY Francis et KIYINDOU Alain (coordonné par), *Education aux médias à l'heure des réseaux,* 2015.

Sous la direction de
Nadia Beddiar

70 ans de justice pénale des mineurs

Entre spécialisation et déspécialisation

Préface de Philippe Bonfils

L'Harmattan

Du même auteur

Sous la direction de
Catherine Minet-Letalle, Olivier Carton et Raphael Tachon,
De la liberté à la prison. Regards croisés sur la privation de liberté,
L'Harmattan, 2016.

5-7, rue de l'Ecole-Polytechnique, 75005 Paris

http://www.harmattan.fr
ISBN : 978-2-343-11815-4
EAN : 9782343118154

Préface

Les soixante-dix ans de l'ordonnance du 2 février 1945

Philippe BONFILS
Professeur à Aix-Marseille Université
Doyen de la faculté de droit et de science politique
Avocat au Barreau de Marseille

L'ordonnance du 2 février 1945 est un texte particulier, auquel les praticiens du droit pénal des mineurs ont souvent un attachement affectif un peu irrationnel…

Ce texte est né à la Libération, et c'est même l'un des premiers à avoir été adopté par le Gouvernement Provisoire de la République Française, à une période où l'ensemble du territoire français n'était pas encore libéré. Il s'agissait de revenir sur plusieurs textes que le gouvernement de Vichy avait adoptés en droit des mineurs, en 1942 et 1943, et, surtout, de renouveler l'approche par une philosophie humaniste. Le préambule de l'ordonnance du 2 février 1945 est à cet égard resté célèbre : « Il est peu de problèmes aussi graves que ceux qui concernent la protection de l'enfance, et parmi eux, ceux qui ont trait au sort de l'enfance traduite en justice. La France n'est pas assez riche d'enfants pour qu'elle ait le droit de négliger tout ce qui peut en faire des êtres sains. La guerre et les bouleversements d'ordre matériel et moral qu'elle a provoqués ont accru dans des proportions inquiétantes la délinquance juvénile. La question de l'enfance coupable est une des plus urgentes de l'époque présente. »

Portée par François de Menthon, agrégé de droit, résistant et ministre de la Justice du général de Gaulle, l'ordonnance du 2 février 1945 est conçue, dès le départ, comme un texte global, régissant le droit de fond et la procédure, et combinant protection, éducation et répression. Malgré le contexte troublé de sa naissance et des imperfections originaires, ce texte apparaît comme un quasi Code pénal des mineurs, ou une charte de l'enfance délinquante.

Certes, autour de l'ordonnance de 1945, le droit a profondément changé, notamment avec l'adoption d'un Code de procédure pénale succédant au Code d'instruction criminelle en 1958, ou d'un nouveau Code pénal en 1992, entrant en vigueur en 1994, et nécessairement, le droit pénal des mineurs a évolué par ricochet. Plus encore, l'ordonnance de 1945 a elle-même été modifiée près de cinquante fois, et ce mouvement de réforme initié en 1951 avec la création des cours d'assises des mineurs s'est accéléré depuis une quinzaine d'années.

En outre, le droit pénal des mineurs a connu une nouvelle dimension, sous les effets combinés du Conseil constitutionnel et de la consécration du principe d'autonomie du droit pénal des mineurs, de la Cour européenne des droits de l'Homme, et de la découverte du caractère auto-exécutoire de la Convention internationale des droits de l'enfant (ou du moins de certaines de ses dispositions).

De surcroît, la délinquance des mineurs a elle aussi changé, dans son volume et dans sa structure. La part des mineurs dans la criminalité globale a sensiblement augmenté, des années 70 à nos jours, passant de 9% à 18% environ, et, aux côtés des délinquances passagères et symptômes, assez classiques chez les mineurs, on a vu apparaître une forme de délinquance d'inadaptation, plus profonde et plus grave.

Enfin, longtemps aux mains des seuls praticiens et souvent connue d'eux seuls, la justice des mineurs intéresse désormais plus largement, et à intervalle régulier, la question de son évolution occupe la scène politique et médiatique.

C'est dans ce contexte que l'ordonnance du 2 février 1945 a fêté ses soixante-dix ans, et que s'est déroulé sous l'égide de

l'École nationale de protection judiciaire de la jeunesse un colloque dont les actes sont ici publiés.
Cet anniversaire donnait l'occasion de réfléchir sur la justice pénale des mineurs, entre droit substantiel et droit procédural (N. Beddiar). Plus précisément, la justice des mineurs est envisagée sous toutes ses dimensions. D'abord historique, avec l'étude de deux périodes clés, 1900-1935 (N. Derasse) et 1960-1970 (J.-J. Yvorel). Ensuite pratique, avec l'organisation – et ici la retranscription – de deux tables rondes sur les acteurs de la chaîne pénale et sur le milieu ouvert, et avec une intervention centrée sur le juge des enfants (C. Mouhanna). Dimension internationale et comparatiste aussi, avec une introduction aux approches anglo-saxonnes (D. Lafortune), l'étude de l'influence du droit international en matière de protection des enfants en conflit avec la loi (B. Van Keirsbilck) et la présentation de la justice des mineurs en Angleterre (J-G. Raymond). Enfin, l'éclairage a été mis sur la justice restaurative en Europe (L. Walgrave), et d'un point de vue plus sociologique, sur l'évolution des modèles de justice des mineurs (Y. Cartuyvels).

Nul ne sait encore si le projet d'un Code de la justice pénale des mineurs verra effectivement le jour, et encore moins dans quel délai cette réforme pourrait être conduite. Quand on connaît la complexité du droit pénal des mineurs et la puissance des symboles liés à l'ordonnance de 1945, on comprend les difficultés auxquelles une telle réforme devrait nécessairement faire face, et les actes de ce colloque viendront utilement nourrir la réflexion. Mais dans l'immédiat, ils constituent une clé d'entrée dans la justice des mineurs contemporaine.

C'est dire si cet ouvrage, auquel j'ai le plaisir d'inviter à la lecture, est utile et passionnant.

La justice pénale des mineurs, entre droit substantiel et droit procédural : un long fleuve tranquille ?

Nadia Beddiar
Enseignant-chercheur en droit public, ENPJJ
Chercheur associé au CERAPS (UMR CNRS 8026)
Chercheur associé au CIDE (Belgique)

La condition du mineur délinquant en droit pénal est actuellement régie par l'ordonnance du 2 février 1945 relative à l'enfance délinquante, à laquelle renvoie l'article 122-8 du Code pénal. Initialement inspiré des thèses développées par l'École de la défense sociale nouvelle, ce texte confère au mineur délinquant un statut protecteur, autonome du droit pénal applicable aux majeurs. En effet, l'ordonnance de 1945 structure le droit pénal des mineurs autour de plusieurs grands principes : le principe de primauté de l'action éducative, le principe d'atténuation de la responsabilité pénale des mineurs en fonction de leur âge et le principe de spécialisation des juridictions pénales.

Le Conseil constitutionnel a érigé le principe de spécificité de la justice pénale des mineurs au rang de principe fondamental reconnu par les lois de la République dans sa célèbre décision du 29 août 2002 relative à la loi d'orientation et de programmation pour la justice du 9 septembre 2002, dite loi Perben I.

Face à la délinquance des mineurs, le choix de faire primer la réponse éducative sur la réponse répressive apparaît donc nettement établi par le juge constitutionnel, ce qui accrédite l'idée d'un droit pénal des mineurs spécifique et autonome.

Mais, soucieux de lutter contre l'insécurité que génèrerait la délinquance juvénile (problématique qui a trouvé une place solide dans les débats publics), le législateur français a cédé, à l'instar de nombreux pays, au réflexe sécuritaire.

Une actualité mouvementée

Au cours de l'année 2015, les rouages répressifs de la justice pénale des mineurs semblaient cependant se cantonner au rythme de plusieurs déclarations.
Mais les tentatives de ralentissement du mouvement sécuritaire engagées par le législateur ne sont pas suffisantes pour penser et mettre en œuvre une réforme profonde de l'ordonnance du 2 février 1945 relative à l'enfance délinquante, texte devenu, en 70 ans, une mosaïque de mesures et de modifications nuisant à sa lisibilité et à son intelligibilité. L'insertion de dispositions relatives à l'exécution transfrontalière des condamnations prononcées à l'égard des mineurs dans un nouvel article 20-12 de l'ordonnance[1] en constitue un exemple récent.

Tout d'abord, l'annonce de la suppression des peines planchers, instaurées en 2007[2], s'est concrétisée à travers l'article 7 de la loi n° 2014-896 du 15 août 2014 relative à l'individualisation des peines et renforçant l'efficacité des sanctions pénales.
Promesse formulée par la garde des Sceaux, Christiane Taubira, le retrait de ce dispositif permet alors d'affirmer une certaine fidélité à l'esprit animant les principes fondamentaux spécifiques de la justice pénale, en atténuant de manière mesurée le sort pénal réservé aux mineurs récidivistes.

Ensuite, la célébration des 25 ans de la Convention internationale des droits de l'enfant (Cide) a pris en France la forme d'une ratification du 3e protocole additionnel à ladite Convention le 7 janvier 2016. Ce protocole est entré en vigueur le 7 avril 2016. Il forme une pierre supplémentaire et novatrice dans l'édifice de protection et de promotion des droits de l'enfant, en prévoyant une procédure de communication ou de plainte individuelle auprès du Comité des droits de l'enfant (après épuisement des voies de recours internes).

---

[1] Voir loi n°2015-993 du 17 août 2015 portant adaptation de la procédure pénale au droit de l'Union européenne, JORF du 18 août 2015, p.14331.

[2] Loi n°2007-1198 du 10 août 2007 renforçant la lutte contre la récidive des majeurs et des mineurs, modifiant l'article 20-2 de l'ordonnance du 2 février 1945 (JORF n°185 du 11 aout 2007, p. 13466).

Ces évolutions tout à fait remarquables ne font pas oublier les tribulations qui n'ont pas manqué de faire parler d'elles.

Si l'engagement de la France par le biais de la signature et la ratification de nombreux traités, accords et conventions internationales ne fait aucun doute, force est de constater qu'en matière de respect des droits de l'enfant, il reste de multiples efforts à accomplir, notamment en matière d'accès au droit par les enfants les plus vulnérables.

Au-delà de la réunion de moyens conséquents en vue d'améliorer la prise en compte de ces droits, l'une des réponses juridiques reposerait sur le retrait de quelques réserves émises par la France et impactant de très nombreuses dispositions de la Cide[3]. La multiplicité des réserves[4] permettant de limiter de façon drastique l'effet juridique des dispositions de la Convention vient indéniablement nuire à son effectivité[5].

Tel fut le sens des observations du Comité des droits de l'enfant publiées le 4 février 2016, en lien avec l'audition des autorités françaises à la tribune onusienne de Genève les 13 et 14 janvier 2016. Le Comité souligne que, malgré des évolutions positives, « *la France tarde à atteindre les objectifs qui lui sont assignés [...] laissant encore beaucoup trop d'enfants sur le bord de la route* ».

Par ailleurs, et sans surprise, la délinquance des mineurs constitue l'une des meilleures illustrations des difficultés

---

[3] Actuellement, seuls quatre articles de la Convention internationale des droits de l'enfant sont invocables devant le juge français :

L'article 3-1 sur l'intérêt supérieur de l'enfant, l'article 16 sur le respect de la vie privée de l'enfant, l'article 37 sur la prohibition de la détention arbitraire et le respect des droits élémentaires de l'enfant privé de liberté et, enfin, l'article 12§2 sur la prise en compte de la parole de l'enfant dans les procédures l'intéressant.

[4] Voir l'article 2 §1d) de la convention de Vienne sur le droit des traités, 23 mai 1969 : la réserve s'entend comme « *une déclaration unilatérale faite par un État ou une organisation internationale et visant à exclure ou modifier l'effet juridique de certaines dispositions du traité dans leur application à cet État ou à cette organisation* ».

[5] Sur l'invocabilité du droit international conventionnel, voir S. El Boudouhi, « Le juge interne, juge de droit commun du droit international ? État des lieux de l'invocabilité du droit international conventionnel en droit interne », *RFDA* 2014, p. 371.

qu'éprouve le législateur contemporain à adapter le droit pénal aux personnes dont le discernement est inexistant ou incomplet. Et pour cause, l'idée d'une codification du droit pénal des mineurs affirmée depuis plusieurs années, tantôt morte, tantôt ressuscitée, a profité d'un nouvel écho à l'appui d'un projet de loi relatif à la justice pénale des enfants et des adolescents[6].
Si la communication autour de ce projet de loi fut importante, la consultation des professionnels s'est inscrite autour d'un texte qui ne prévoyait pas pour autant de bouleversement majeur des principes du droit pénal des mineurs.
L'effervescence est rapidement retombée lorsque l'exécutif a annoncé l'abandon de ce projet, probablement difficile à porter dans un contexte politique bercé d'incertitudes. Il ne s'engage pas pour autant vers une abdication autour de cette matière : la réforme de l'ordonnance du 2 février 1945 relative à l'enfance délinquante aura lieu « par touche » dans un projet de loi ambitieux de modernisation de la justice du XXIe siècle[7].
C'est ainsi que l'Assemblée nationale a voté le 18 mai 2016 la suppression des tribunaux correctionnels pour mineurs[8], mesure introduite par les députés en commission dans le cadre de la réforme de la justice. L'interdiction de la réclusion criminelle à perpétuité des enfants est actée et forme une importante avancée au regard des exigences portées par le droit international.
Si l'on peut regretter l'absence de réforme de fond de l'ordonnance de 1945, l'état des modifications voulues par le législateur semble bien inefficace pour déstabiliser l'empreinte sécuritaire distillée visiblement depuis les années 2000 sur la procédure pénale appliquée aux mineurs.

---

[6] E. Allain, « Le pré-projet de réforme de justice des mineurs », *AJ pénal* 2015, p. 4.
[7] V. Avena-Robardet, « Réforme de la justice du XXIe siècle », *AJ Famille* 2016, p. 286.
[8] Voir notamment C. Fleuriot, « Tribunaux correctionnels pour mineurs : le bilan de la Chancellerie », *Dalloz actualité*, 3 février 2015.

Les contours de la responsabilité pénale

Le droit a reconnu depuis longtemps la fragilité attachée à l'enfant. Il a fondé la notion de minorité, en établissant certains principes destinés à protéger le mineur délinquant, en délimitant les contours de sa responsabilité.
La responsabilité pénale est vue comme l'obligation d'assumer ses actes et se conçoit comme un attribut subjectif, car conformément à l'article 121-1 du Code pénal « nul n'est responsable pénalement que de son propre fait ».
Dès lors, la personne responsable sera, avant tout, considérée coupable de la commission des faits constituant la faute incriminée par la loi.

La culpabilité ne suffit pas pour engager la responsabilité de l'auteur des faits. Le principe de l'imputabilité doit nécessairement compléter ce principe de culpabilité.
L'imputabilité désigne le fait d'identifier la personne comme étant l'auteur de l'infraction, consciemment commise par celle-ci. En raison de l'articulation de ces trois éléments, certains auteurs parlent de « trinité »[9] du droit pénal. La responsabilité invite à la détermination de seuils d'âge, qui explicite le souci de protection, exprimé par l'État, envers les mineurs.

Si le principe d'une responsabilité pénale des mineurs dotés de discernement ne fait aucun doute, la possible impunité pénale des mineurs non dotés de discernement a suscité des flottements doctrinaux.
En portant un regard sur l'ancienne législation, on constate une différenciation de traitement fondée selon que le mineur est « infans », c'est-à-dire dépourvu de discernement et reconnu incapable ou que le mineur dispose d'un discernement suffisant[10]. Mais, l'appréciation du discernement par le juge conduisait à des solutions particulièrement âpres, prévues à

---

[9] R. Ottenhof, « Imputabilité, culpabilité et responsabilité en droit pénal », *Archives de politique criminelle*, Pédone, 2000, n° 10, p. 83.
[10] F. Duquesne, « La réduction de la réparation du dommage subi par l'*infans* en raison de sa faute », *Recueil Dalloz*, 1996, p. 602.

l'article 66 du Code pénal de 1810 comme la privation de liberté des mineurs acquittés, dépourvus de discernement.
La loi du 22 juillet 1912 entérinait une rupture avec la conception du droit pénal appliqué aux mineurs, issue du Code pénal de 1810.
Ce texte permettait d'offrir aux « infans » une présomption irréfragable de responsabilité pénale, car ces derniers ne relevaient que des tribunaux civils, qui prononçaient principalement des sanctions éducatives. Par contre, les mineurs « non infans » pouvaient comparaître devant les tribunaux pour enfants et adolescents, institués par cette loi, et profitaient d'une présomption simple de responsabilité, selon l'état de leur discernement, au moment des faits. Le discernement doit s'entendre comme « la faculté de juger et d'apprécier avec justesse, ou encore comme l'aptitude à distinguer le bien du mal »[11].
La question de leur responsabilité pénale était donc articulée autour de la notion de discernement, qui rythmait la justice pénale des mineurs, depuis le Code pénal de 1791.

L'ordonnance du 2 février 1945, consacrant une « justice tutélaire à vocation préventive », privilégiait une vision plus objective de la délinquance des mineurs, en abandonnant les notions d'irresponsabilité pénale et de discernement[12].
Cette vision renouvelée fut ébranlée par l'incontournable arrêt Laboube, rendu par la chambre criminelle de la Cour de cassation le 13 décembre 1956. Dans cet arrêt, la Cour interpréta les dispositions de l'ordonnance de 1945, en voyant dans celle-ci une identification en filigrane de la notion de discernement et une consécration de l'irresponsabilité pénale

---

[11] Ph. Bonfils, « Le discernement en droit pénal » : *Mélanges R. Gassin*, Puam 2007, p. 97.
Vocabulaire juridique de l'association Henri Capitant (par G. Cornu), PUF, Quadrige, 2e éd. 2001, p. 294 : « *Aptitude à distinguer le bien du mal qui, apparaissant chez le mineur à l'âge de raison, le rend capable de s'obliger délictuellement* ».
[12] Art 1er de l'ordonnance du 2 février 1945 (version initiale) : « *Les mineurs de dix-huit ans auxquels est imputée une infraction qualifiée crime ou délit* [...] ».

des mineurs « infans ». C'est l'apport de cet arrêt qui a créé de nombreuses incertitudes au sein de la doctrine, quant au sens à donner aux principes contenus dans l'ordonnance.

Incertitudes autour de la notion de discernement

En 1992, la rédaction du nouvel article 122-8 du Code pénal continuait d'entretenir le doute, en s'appuyant sur des termes généraux, retenant l'imputabilité et en occultant les notions de discernement et d'irresponsabilité pénale.
Le tournant a été opéré par la loi du 9 septembre 2002 qui a procédé à une nouvelle réécriture de l'article 122-8, qui se réfère enfin à l'ensemble des éléments composant la responsabilité pénale des mineurs, c'est-à-dire la capacité de discernement (de retour dans la loi), l'imputabilité, la culpabilité et la responsabilité.
Ainsi, cette disposition remet au goût du jour le principe du discernement qui conditionne, de façon subjective, l'engagement de la responsabilité pénale du mineur.

Aujourd'hui, cet article dispose que « *les mineurs capables de discernement sont pénalement responsables des crimes, délits et contraventions dont ils ont été reconnus coupables [...]* ». Il n'y a donc plus lieu de faire référence à une présomption d'irresponsabilité pénale des mineurs, la loi considère désormais clairement l'enfant comme pénalement responsable.
Le législateur du 9 septembre 2002 fait explicitement du discernement une condition de la mise en œuvre de cette responsabilité pénale, donnant une consécration légale à la solution qu'avait dégagée la chambre criminelle de la Cour de cassation dans l'arrêt Laboube du 13 décembre 1956.
Pour reprendre un auteur, il semble que « *le discernement n'aura disparu dans notre droit qu'entre 1912 et 2002* »[13].

---

[13] J.-F. Renucci, « Le droit pénal des mineurs entre son passé et son avenir », RSC 2000, 79 et s., spéc. p. 89. Cité par X. Pin, « Les âges du mineur : réflexions sur l'imputabilité et la capacité pénale du mineur », *Gazette du Palais*, 12/07/2012, n°194, p. 8.

La position du droit pénal quant aux conditions d'engagement de la responsabilité pénale est donc désormais uniforme s'agissant des mineurs et des majeurs : le défaut de discernement constitue une cause de non-imputabilité faisant obstacle à la caractérisation de l'élément moral de l'infraction, peu importe qu'il trouve son origine dans l'extrême jeunesse ou dans le trouble psychique ou neuropsychique.

L'absence récurrente d'un âge minimum de responsabilité pénale

Des difficultés subsistent, notamment celles liées au fait que le droit français n'a pas défini un seuil de minorité pénale en termes d'âge.
La majorité des pays européens consacre l'incapacité pénale des jeunes enfants, en établissant un âge légal au-dessous duquel le mineur est présumé incapable de commettre une infraction.
La situation française contrarie évidemment les dispositions de la Convention internationale des droits de l'enfant qui invite, dans son article 40-3a, les États signataires à fixer un âge minimum au-dessous duquel les mineurs bénéficient d'une présomption de ne pas avoir « la capacité d'enfreindre la loi ». Cet âge ne doit cependant pas être trop bas selon les Règles de Beijing du 29 novembre 1985, car il doit tenir compte des « problèmes de maturité affective, psychologique et intellectuelle ». La question peut alors se poser au sujet du Royaume-Uni qui a fixé cet âge à dix ans.
Pour les autres États, cet âge est variable : sept ans à Chypre, en Grèce et en Suisse ; douze ans aux Pays-Bas, au Portugal ; quatorze ans en Italie, en Espagne, en Allemagne et en Autriche ; quinze ans en Suède, au Danemark, en Finlande et en Norvège[14].
Aujourd'hui, la France n'a pas émis le choix de s'aligner sur ses voisins à ce sujet. L'incertitude continue donc de subsister à travers des textes qui ne précisent aucunement l'âge à partir duquel un enfant est capable de discernement ni l'âge à partir

[14] C. Margaine, *La capacité pénale*, thèse de doctorat en droit privé sous la direction de Ph. Conte, Faculté de droit de Bordeaux, 2011, p. 96.

duquel une infraction pénale peut être imputable. Les textes ne fixent à ce titre que des âges liés à « l'aptitude à la sanction »[15].

La fin du cumul des fonctions d'instruction et de jugement du juge des enfants

Sur le fond, la procédure pénale appliquée aux mineurs poursuit la recherche d'une conciliation entre la protection de l'individu et la nécessité d'une sanction adaptée.
Traditionnellement, le juge des enfants cumulait, à cette fin, les fonctions d'instruction et de jugement, en raison de sa connaissance du mineur. En effet, ce cumul facilitait la construction d'une relation de confiance avec le mineur et renforçait les rapports du juge avec les partenaires socio-éducatifs de la Protection judiciaire de la jeunesse pour mettre en œuvre la mesure la plus appropriée.
Cependant, une dimension répressive s'esquisse, illustrée par un recours à des mesures précoces, qui reposent notamment sur la possibilité de soumettre un mineur à une sanction éducative, dès l'âge de dix ans. Ce type de sanctions dites « éducatives », énoncées à l'article 2 de l'ordonnance de 1945 depuis la loi du 10 août 2011, consiste en six modalités, qui ressemblent de manière surprenante à des peines existantes dans le droit pénal général. L'appréciation de la responsabilité pénale des mineurs âgés de moins de treize ans s'oriente incontestablement vers plus de rigueur.

Si l'arsenal pénal tend à se diversifier et à se durcir depuis la loi du 9 septembre 2002 pour apporter des réponses à un phénomène de délinquance juvénile, jugé en forte croissance, le recours à la peine privative de liberté reste modéré et demeure une mesure de dernier recours. Cette mesure pénale pourra être prononcée, à l'encontre d'un mineur dès l'âge de treize ans, en cas de condamnation définitive ou en cas de détention provisoire, selon l'article 11 de l'ordonnance de 1945 et son

[15] X. Pin, *op cit.*, p. 9.

exécution sera soumise à un régime de détention dérogatoire jusqu'à l'âge de 18 ans[16].
Ainsi, la condamnation du mineur à une lourde peine n'est pas exclue par notre droit. En ce sens, l'impartialité de la justice et le droit à un procès équitable forment des valeurs précieuses pour notre société démocratique.
Avant d'être réglée par la loi du 26 décembre 2011[17], la question de la présidence du tribunal pour enfants (et du tribunal correctionnel des mineurs, à présent abrogé) a connu d'importantes incertitudes et circonvolutions qu'il convient de rappeler préalablement.

Le problème posé par la présidence de ces juridictions est de savoir si le juge des enfants peut, après avoir mené une information judiciaire, présider la juridiction de jugement. Il s'agit plus précisément d'une question d'impartialité objective ou fonctionnelle, posée par le cumul de fonctions du juge des enfants.
Un tel cumul entre des fonctions d'instruction et de jugement semble évidemment être une hérésie au regard de l'article 6§1 de la Convention européenne des droits de l'Homme. C'était pourtant une solution bien établie en droit positif, et depuis finalement assez longtemps.
En effet, en matière de contraventions de 5e classe et de délits, le juge des enfants disposait de la possibilité d'instruire et de juger, soit seul en audience de cabinet, soit au sein du tribunal pour enfants, voire au tribunal correctionnel des mineurs.
Ce cumul de fonctions avait été admis, par la chambre criminelle de la Cour de cassation (Crim., 7 avr. 1993, n° 92-84.725). La solution était donc retenue, même si, entre les jurisprudences française et européenne, il existait d'importantes nuances, la Cour de Strasbourg invitant à davantage de précautions que la chambre criminelle.

---

[16] Voir la circulaire DAP/DPJJ du 24 mai 2013 relative au régime de détention des mineurs. NOR : JUSSK1340024C.
[17] Loi n° 2011-1940 du 26 décembre 2011 visant à instaurer un service citoyen pour les mineurs délinquants, JORF n°0299 du 27 décembre 2011 page 22275, texte n° 1.

Si pour la Cour européenne des droits de l'Homme, il est nécessaire de développer « *une relation de confiance entre d'une part, le juge des enfants et de l'autre le mineur ainsi que ses parents ou son tuteur* »[18], elle a d'abord jugé que le principe d'impartialité posé par l'article 6§1 interdit qu'« *un juge aux affaires familiales ayant initié les poursuites contre un mineur âgé de 15 ans suspecté de meurtre sur un autre mineur, puis ayant rassemblé les preuves de sa culpabilité durant l'instruction, renvoie ce mineur devant un tribunal pour enfants qu'il préside, aux côtés de deux assesseurs non professionnels.*[19] »
Si la violation de l'article 6 de la Convention européenne a été retenue, c'est essentiellement parce que le juge avait été à l'initiative des poursuites comme un parquetier. Et la Cour n'a fait que rappeler l'interdiction traditionnelle du cumul des fonctions de poursuites et de jugement[20].

Dans la décision du 8 juillet 2011, le Conseil constitutionnel avait été saisi d'une question prioritaire de constitutionnalité, portant sur la présence des assesseurs du tribunal pour enfants, juges non professionnels et majoritaires devant le tribunal pour enfants. Sur ce point, le Conseil constitutionnel admettait sans difficulté la présence des assesseurs, en relevant notamment leur statut et leurs obligations.
Mais, soulevant d'office une question qui ne lui était pas posée, le Conseil constitutionnel évoquait la présidence du tribunal pour enfants par le juge des enfants ayant précédemment instruit sur le même dossier. Il affirmait alors que « *le principe d'impartialité des juridictions ne s'oppose pas à ce que le juge des enfants qui a instruit la procédure puisse, à l'issue de cette instruction, prononcer des mesures d'assistance, de surveillance ou d'éducation ; que, toutefois, en permettant au juge des enfants qui a été chargé d'accomplir les diligences utiles pour parvenir à la manifestation de la vérité et qui a renvoyé le mineur devant le tribunal pour enfants de présider cette*

---

[18] CEDH, *Nortier c/ Pays-Bas*, 24 août 1993, n°13924/88.
[19] CEDH, *Adamkiewicz c/ Pologne*, 2 mars 2010, n° 54729/00.
[20] CEDH, *Piersack c/ Belgique*, 1er octobre 1982, Série A n° 53, JDI 1985. 210, obs. P. Tavernier et P. Rolland.

juridiction de jugement habilitée à prononcer des peines, les dispositions contestées portent au principe d'impartialité des juridictions une atteinte contraire à la Constitution ». Le Conseil constitutionnel déclarait alors inconstitutionnel l'article L. 251-3 du Code de l'organisation judiciaire, qui prévoyait la composition du tribunal pour enfants, et repoussait, dans l'intérêt de l'enfant, cette censure au 1er janvier 2013[21].

Dans une autre décision du 4 août 2011, le Conseil constitutionnel fait application de cette solution à la présidence du tribunal correctionnel pour mineurs, à présent supprimé.
Là encore, le Conseil constitutionnel déclare inconstitutionnel ce cumul de fonctions, et abroge, au 1er janvier 2013, l'article 24-1, alinéa 2 et 3 de l'ordonnance de 1945 prévoyant la composition de cette juridiction.

Cette jurisprudence du Conseil constitutionnel a logiquement soulevé un vif émoi chez les spécialistes du droit pénal des mineurs, et notamment les praticiens. Il est vrai que le Conseil constitutionnel est allé beaucoup plus loin que la Cour européenne. Pour autant, une intervention législative a été donc nécessaire, et le gouvernement a profité de la proposition de loi sur l'application aux mineurs du service citoyen pour résoudre cette difficulté.
La loi du 26 décembre 2011 rétablit donc les articles L. 251-3 du Code de l'organisation judiciaire et de l'article 24-1, alinéa 2, de l'ordonnance de 1945.
En pratique, certains juges ont recours au renvoi de signature auprès d'un autre juge pour contourner la prohibition du cumul et ainsi siéger au tribunal pour juger l'affaire qu'ils ont instruite.

---

[21] A. Cerf-Hollender, « Juridictions pour mineurs : inconstitutionnalité partielle de la composition du tribunal pour enfants », *L'Essentiel Droit de la famille et des personnes*, 20/09/2011, n° 08, p. 1.

L'amorce d'une déspécialisation de la justice : l'accroissement des pouvoirs du parquet au détriment du juge des enfants

Il serait tentant de penser que cet accroissement des pouvoirs du parquet ne constituerait pas un problème en soi, si le parquet était réellement indépendant du pouvoir exécutif[22], et si les avocats disposaient des mêmes moyens que la défense dans la procédure accusatoire de type anglo-saxonne[23].
Un regard rétrospectif sur la législation pénale des mineurs amène à constater une évolution dentelée offrant une alternance à flux tendu entre des mesures répressives et des mesures plus éducatives.
Répondre de manière péremptoire à la question de la subsistance du caractère spécifique de cette justice serait presque superfétatoire.
La justice pénale des mineurs est semi-autonome : à la fois spécialisée et déspécialisée.
La possibilité de cumul des mesures éducatives et des peines, prévue par le projet de réforme de la justice du XXIe siècle, offre une nouvelle voie pour parvenir à une meilleure individualisation du temps pénal.

Effectivement, dans notre procédure pénale, il est plus préoccupant de constater à quel point le juge des enfants est « court-circuité » à la fois au niveau de l'audiencement et au niveau de sa fonction dans la phase pré-sentencielle. Par exemple, dans le cadre de la convocation par officier de police judiciaire aux fins de mise en examen[24], comme dans le cadre

---

[22] Pour la Cour européenne des droits de l'Homme, « *les membres du ministère public, en France, ne remplissent pas l'exigence d'indépendance à l'égard de l'exécutif* » (CEDH, 23 nov.2010, *Moulin c/France*, n°3704/06, §57).
Un projet de réforme constitutionnelle a été lancé en 2013 pour renforcer l'indépendance de ces magistrats.

[23] Voir A. J. Bullier, *Réflexions sur le procès de Common law*, 2015, Bruylant, 140p.

[24] La loi du 8 février 1995 a créé la convocation par officier de police judiciaire (COPJ) aux fins de mise en examen ou de jugement. Elle est

de la présentation immédiate du mineur, c'est désormais le parquet qui a la mainmise sur l'audiencement.

Dans ces cadres procéduraux, la prise de contact entre le jeune et le juge démarre par une audience du tribunal pour enfants, qui fait l'impasse sur le contact humain qui se crée (dans la plupart des cas) avec le juge des enfants lorsque ce dernier reçoit le jeune en audience de cabinet.
La solennité du tribunal pour enfants, les proportions des salles d'audience, la présence de nombreux auxiliaires de justice, des forces de l'ordre, la position « dominante » des trois juges (le juge des enfants, en robe, préside le tribunal entouré de ses deux assesseurs, tous trois installés en hauteur, sur l'estrade, de même que le procureur) empêchent toute proximité, en imposant une distance tant physique que psychologique.

Par ailleurs, la procédure accélérée entraîne nécessairement, comme la comparution immédiate des majeurs, une décision de justice plus sévère : le jugement sera pris sur un acte, sans prendre le temps d'éclairer ledit acte par la personnalité et le parcours du jeune. La procédure accélérée ne permet pas aux juges d'étudier le sens de la réitération posée par le jeune. Or, ces profils de jeunes sont justement ceux avec lesquels le temps de l'écoute avec la plus grande attention doit être préservé pour les aider à sortir d'une spirale dans laquelle ils se sont perdus ou sont sur le point de se perdre.
La référence au recueil de renseignements socio-éducatifs apparaît insuffisante. Selon les termes mêmes du rapporteur de la loi devant le Sénat, c'est un « document, parfois manuscrit, établi souvent en urgence à l'occasion de la comparution du

---

décidée sur instruction du procureur de la République et permet un rendez-vous rapide devant le juge des enfants pour la mise en examen du mineur.
La loi du 1er juillet 1996 a procédé à la généralisation du champ d'application de la COPJ, qui peut désormais également intervenir pour le jugement du mineur en audience de cabinet.
L'article 27 de la loi du 10 août 2011 a abrogé l'article 8-1 de l'ordonnance du 2 février 1945 en supprimant ainsi la COPJ aux fins de jugement (procédure peu utilisée par les parquets et liant de façon importante le juge des enfants). Aujourd'hui, la COPJ-mise en examen est prévue à l'article 8-3 de l'ordonnance de 1945.

mineur devant le juge des enfants pour une mise en examen [...] »[25]. Donc, non conforme aux exigences posées.

Replacer l'intérêt du mineur au cœur d'une intervention marquée par la célérité a conduit l'article 28 de la loi du 10 août 2011 à introduire le dossier unique de personnalité (présenté antérieurement dans le rapport Varinard de 2008).
Ce dossier est destiné à favoriser le recours aux procédures rapides : l'augmentation du nombre de situations où le tribunal disposera d'un rapport datant de moins de 12 mois lui permettant de juger le mineur. Or, la personnalité du mineur, son comportement peuvent changer de façon significative en l'espace de quelques mois.

Quant à la césure, elle permet au procureur de lancer la procédure alors même que le dossier du mineur poursuivi ne contient pas d'éléments de personnalité récents, puisque lesdits éléments pourront être intégrés dans le dossier par la suite, pendant le délai maximum de six mois séparant l'audience sur la culpabilité de l'audience sur la peine. Le projet de réforme de la justice du XXIe siècle prévoit l'allongement du délai d'ajournement de six mois à un an.
La temporalité est importante en matière de justice des mineurs. En cela, la césure en ce qu'elle permet une audience sur la culpabilité et une autre portant sur la peine, irait de pair avec la mobilisation de moyens supplémentaires auprès des services compétents pour travailler efficacement avec le mineur entre ces deux temps.
Se priver de la phase préalable de l'instruction par le juge des enfants revient clairement à faire primer le répressif sur l'éducatif.

L'ordonnance de 1945 défend une part d'autonomie du droit pénal des mineurs, en détaillant une procédure pénale et un corpus de mesures, spécialement adaptées aux profils des

---

[25] Rapport n°489 du sénateur Lecerf sur la loi sur la participation des citoyens au fonctionnement de la justice pénale et le jugement des mineurs, 4 mai 2011, p. 109.

mineurs, même si les réformes successives du texte tendent à atténuer cet aspect.

L'esprit du texte repose sur la recherche d'une conciliation effective entre le besoin de protection de la personne vulnérable et la nécessité d'une réponse pénale efficace et utile.

Si le principe d'une responsabilité atténuée au profit des mineurs, affirmé par l'article 122-8 du Code pénal et l'ordonnance de 1945, a été constitutionnalisé en tant que principe fondamental reconnu par les lois de la République par le Conseil constitutionnel, il n'en demeure pas moins que ce principe d'atténuation de la responsabilité pénale n'est pas garanti pour les mineurs âgés de plus de seize ans.

Les précisions apportées par les réformes successives du droit pénal se traduisent par le développement d'un mouvement visant une forte responsabilisation des mineurs. L'appréciation de la responsabilité pénale aura alors une influence sur le choix des sanctions.

Cette dynamique produit la mise en place d'un dispositif pénal de plus en plus coercitif, qui permet au juge d'écarter d'une part, l'effet du principe d'atténuation de la responsabilité des mineurs âgés de seize à dix-huit ans et d'autre part, de prononcer des mesures plus sévères pour les mineurs de plus de seize ans.

Par conséquent, ce constat postule l'idée d'un droit pénal des mineurs de plus en plus proche du droit pénal général et le recours à un schéma répressif destiné à permettre la rééducation des mineurs délinquants.

Cette préoccupante perte d'autonomie rend la consolidation du statut juridique du mineur particulièrement nécessaire, d'autant plus s'il est soumis à des mesures pénales graves.

Les années 1960-1970 ou les habits neufs de l'ordonnance de 1945

Jean-Jacques Yvorel
Historien
Président de l'Association pour l'histoire de la protection judiciaire des mineurs (AH-PJM)

En guise d'introduction nous ferons deux constats.

Premier constat :
Si l'on met de côté les travaux sur la délinquance des mineurs proprement dite, les colloques organisés dans le cadre du 70e anniversaire de l'ordonnance du 2 février 1945 relative à l'enfance délinquante ont suscité trois niveaux de réflexion. Parfois, on disserte, *via* une glose sur l'exposé des motifs, de la philosophie, des valeurs, des grands principes de « l'ordonnance de 1945 » avant d'analyser les inflexions de cet esprit originel et de prolonger la réflexion autour de ce que pourrait ou devrait être cette philosophie pénale spécifique. À d'autres moments, on commente quelques-uns des 178 articles que les 38 modifications du texte publié au Journal officiel du 4 février 1945 ont engendrés ou on se penche sur les transformations du fonctionnement judiciaire, notamment sur les rapports entre les juges des enfants et le parquet. Notons que dans ce cas, on s'en tient généralement aux changements des deux dernières décennies. Enfin, on évoque le plus souvent sous la forme de témoignages, les pratiques éducatives d'hier ou d'aujourd'hui. Ces débats ne sont pas dépourvus d'une certaine confusion dans la mesure où le philosophique, le juridique, le judiciaire et l'éducatif s'entremêlent, se confondent, sans que les rapports entre ces instances ne soient éclaircis alors même que les liens entre ces différentes sphères de la justice des mineurs sont marqués du sceau de la complexité.

Second constat :
Les transformations que connaît l'Éducation surveillée (ES) entre le retour aux affaires du général de Gaulle 1958 et la fin de la mandature de Valéry Giscard d'Estaing en 1981[26] touchent tous les aspects de la rééducation : l'observation, la cure libre, l'internat et le foyer de semi-liberté, la formation scolaire et professionnelle, la postcure. Cette énumération est formulée volontairement dans le vocabulaire des années 1950-1960. Aujourd'hui, la notion de rééducation a cédé la place à celle d'action éducative. L'observation s'appelle désormais investigation et la cure libre devient milieu ouvert. On ne parle plus d'internat et de foyer de semi-liberté mais d'hébergement. La formation scolaire et professionnelle est devenue l'insertion scolaire et professionnelle. On ne débat plus de la nécessité de la postcure mais de la cohérence des parcours. Si, comme l'a fort bien dit Reinhart Koselleck, « *des mots qui durent ne constituent pas un indice suffisant de la stabilité des réalités* », et, si inversement, une nouvelle terminologie ne constitue pas une preuve de changements effectifs de cette même réalité[27], en la circonstance, l'apparition de mots nouveaux n'est pas due qu'à l'imagination linguistique de nos hauts fonctionnaires, mais va de pair avec un renouvellement profond des pratiques.

Il n'est pas possible dans le cadre de cette communication de rendre compte de l'ensemble de ces transformations[28]. Je souhaite seulement, après un bref rappel sur le fonctionnement des établissements de 1945, rendre compte de quelques évolutions et prendre l'exemple de la transformation et de la disparition des institutions publiques d'Éducation surveillée (IPES) et déterminer de quelles manières ces pratiques nouvelles s'articulent avec le juridique et le judiciaire.

---

[26] Surtout entre 1962 et 1980, c'est-à-dire entre les 4e et 7e plans.
[27] R. Koselleck, *Vergangene Zukunft. Zur Semantik geschichtlicher Zeiten*, (1979), *Le futur passé. Contribution à la sémantique des temps historiques*, trad. de l'allemand par J. et M-J. Hoock, Paris, Éditions de l'EHESS, 1990, p. 106 et suiv.
[28] C'est l'objet de la recherche que nous dirigeons avec Jean-Pierre Jurmand.

L'IPES des premiers temps

L'Éducation surveillée, cette nouvelle direction du ministère de la Justice, créée par ordonnance le 1er septembre 1945, a notamment pour mission de réformer les établissements publics qualifiés avant-guerre de « bagnes d'enfants ». Cette transformation est conduite avec une absence de moyens matériels et humains qui relève de l'indigence. Il faut transformer les vieilles *« maisons de correction »* en « *véritables écoles professionnelles* », lit-on dans les rapports officiels. L'effort porte essentiellement sur la formation professionnelle, c'est-à-dire sur l'installation d'ateliers et sur le recrutement de professeurs techniques. Dans les *rapports annuels* que le directeur de l'Éducation surveillée adresse au garde des Sceaux « les résultats de la rééducation » se mesurent d'abord en nombre de CAP (certificats d'aptitude professionnelle) obtenus par les pupilles. Pour le reste, les archaïsmes demeurent et les aspects disciplinaires ne disparaissent pas. Le système dit progressif, inspiré directement de la « science » pénitentiaire du XIXe siècle[29], qui conduit le mineur du groupe d'épreuve au groupe d'honneur en passant par le groupe normal et le groupe de mérite, est fondé sur un comportementalisme primaire qui produit bien des effets pervers. Le règlement provisoire du 25 octobre 1945, à la rubrique « Récompenses et punitions » (section VI) prévoit l'isolement de premier[30] et de deuxième degré[31]. On précise même que les punis « *reçoivent un régime alimentaire différent du régime normal mais possédant la même valeur nutritive*[32] ». L'arsenal pédagogique des IPES comprend également le port de l'uniforme, les rassemblements, les appels, les déplacements au

---

[29] Voir C. Lucas, *Lettre à M. le Baron de Gérando, projet d'établissement par souscription d'une maison pénitentiaire pour les jeunes détenus,* Paris, A. Henry, s.d. (1833), 16 p.

[30] *Règlement provisoire des centres d'observation et des institutions publiques d'Éducation surveillée* (arrêté du 25 octobre 1945), Melun, Imprimerie administrative, sd, article 102.

[31] *Ibid.,* article 103.

[32] *Règlement provisoire, op. cit.*, art 104. On peut voir dans cette disposition une conséquence du calvaire vécu par le jeune Roger Abel mort des suites d'un séjour en isolement au régime de rigueur.

pas en colonne par deux et *« l'usage de la force physique comme moyen de dissuasion*[33] *».* Si nous ajoutons à ce tableau l'absence de toute mixité, celle du travail avec les familles et la rareté des permissions[34], nous pouvons souscrire aux propos du premier directeur de l'Éducation surveillée, Jean-Louis Costa, quand il écrit après quelques années de recul : « *Mais en 1945, on n'est pas brusquement passé, comme par magie, de l'erreur à la vérité, de l'imparfait au parfait*[35] ». Bref, les IPES n'ont pas totalement rompu avec les colonies pénitentiaires du XIXe siècle dont elles occupent bien souvent les locaux comme à Belle-Île-en-mer ou à Saint-Hilaire. Quant aux jeunes qui n'adhéreraient pas à ce programme éducatif, leur sort est prévu puisque « *les pupilles reconnus inamendables en raison de leur perversité ou de leur insubordination permanente sont dirigés sur une institution d'éducation corrective*[36] », où la discipline est renforcée. C'est l'ex-colonie d'Aniane qui occupe alors cette fonction jadis déléguée à la colonie d'Eysses.

Les nouveaux principes éducatifs de 1960

En 1960, à la veille de l'inscription de l'ES au plan, la situation a évolué. Le petit ouvrage du sous-directeur de l'Éducation surveillée, Paul Lutz, préfacé par le directeur Pierre Ceccaldi, intitulé « *La rééducation des enfants et adolescents inadaptés* » peut être considéré – au regard des positions institutionnelles de son auteur et de son préfacier – comme le manifeste doctrinal de l'administration centrale[37]. Paul Lutz souligne que le maintien du

[33] Expression utilisée par un hiérarque de l'Éducation surveillée. Cf. *Les cahiers dynamiques*, n° 58, p. 112.

[34] « Le directeur peut accorder aux pupilles des permissions ne dépassant pas cinq jours pour leur permettre de se rendre dans leur famille à l'occasion d'événements exceptionnels tels que maladie, décès, naissance, mariage, etc. », *Règlement provisoire*, *op. cit.*, article 93.

[35] J-L. Costa, « Lettre en forme de postface », dans H. Gaillac, *Les maisons de correction 1830-1945*, Paris, Cujas, 1971, p. 375.

[36] *Règlement provisoire*, *op. cit.*, article 105.

[37] P. Lutz, *La rééducation des enfants et adolescents inadaptés*, Paris, Privat, 1960, 117 p.

mineur en milieu ouvert[38] qui vient d'être affirmé en matière de protection est aussi « *la solution la plus convenable*[39] » en matière de délinquance et qu'elle doit être privilégiée. On notera que pour les dirigeants de l'ES de 1960, le milieu ouvert inclut le recours aux familles d'accueil et le placement dans un foyer de semi-liberté[40]. Le milieu ouvert ne se différencie donc pas de l'hébergement comme aujourd'hui mais de l'internat.
Les internats publics sont alors au nombre de huit[41] : six IPES pour garçons[42], un IPES pour filles[43] et un internat approprié pour garçons d'âge scolaire[44]. Le système progressif, que Paul Lutz condamne radicalement en huit pages[45], a été abandonné en 1952[46]. L'institution correctionnelle d'Aniane a été transformée en IPES classique à la même date. Paul Lutz qualifie les institutions correctionnelles de « *maisons-dépotoirs* » où la rééducation n'est fondée que sur « *le traitement disciplinaire* » avant de conclure que le « *bilan* [de ce type de structure] *doit être considéré comme négatif : faillite de l'action éducative et faillite de la protection sociale*[47] ». Pour le reste, les évolutions des IPES restent limitées. Un arrêté de 1952 assouplit le régime des permissions[48] et le « quartier

---

[38] L'expression « Le maintien du mineur en milieu ouvert » sert de titre au chapitre IV de l'ouvrage de Paul Lutz.
[39] P. Lutz, p. 56.
[40] P. Lutz parle de « *maintien en milieu ouvert hors de la famille* », p. 62.
[41] Selon Paul Lutz, « *on compte environ 250 internats privés* », p. 69.
[42] Il s'agit des IPES de Belle-Ile-en-Mer (Morbihan), Saint-Jodard (Loire), Neufchâteau (Vosges), Aniane (Hérault), Saint-Maurice (Loir-et-Cher), Saint-Hilaire (Maine-et-Loire).
[43] Il s'agit de l'IPES de Brécourt (Val d'Oise).
[44] Il s'agit de l'internat approprié de Spoir (Eure-et-Loir). Les filles d'âge scolaire sont regroupées dans un pavillon séparé « les Lilas » à Brécourt.
[45] P. Lutz, p. 72-80.
[46] Sur ce point, voir *Rapport annuel à Monsieur le Garde des sceaux, 1952*, Melun, Imprimerie administrative, 1953, p. 85.
[47] P. Lutz, *op. cit.*, p. 89-91.
[48] « Modification à l'arrêté du 25 octobre 1945 portant règlement provisoire des centres d'observation et des institutions publiques d'Éducation surveillée », *Journal officiel, lois et décrets,* 29 mai 1952, p. 5435. Il s'agit surtout de faciliter ce qu'on appelle alors la postcure. Cf. J-J. Yvorel, "Invention du travail dans les familles, dans le cadre de la justice des mineurs", communication au colloque *Familles au risque de la justice. Quels accompagnements ? Quels soins ?* Université Paris Diderot, à paraître.

libre » du dimanche se généralise non sans difficultés car les relations entre les jeunes et leur environnement ne sont pas toujours empreintes d'irénisme. À Saint-Hilaire, par exemple « *entre 1958 et 1960, des incidents se multiplient dans les villes de Saumur et de Chinon que l'on impute, à tort ou à raison aux mineurs de Saint-Hilaire. Il devient nécessaire d'interdire les sorties dans ces villes le dimanche*[49]». Les éducateurs formés à Vaucresson s'efforcent d'introduire, notamment au niveau des activités de loisir, des innovations pédagogiques qui s'appuient sur les principes et méthodes de l'éducation populaire[50]. Cependant, la pierre angulaire de l'IPES reste la formation professionnelle c'est-à-dire la préparation du CAP… mais « *une rééducation basée sur l'apprentissage ne peut recevoir que des mineurs supérieurs à un niveau mental donné et capables d'une certaine stabilité des occupations*[51] ». En d'autres termes, les IPES sont destinées aux mineurs dotés d'un bon niveau scolaire et suffisamment socialisés pour s'adapter à une pesante vie en collectivité. Enfin, tous les séjours en internat doivent être prolongés par une postcure amorcée durant la cure grâce à l'ouverture sur l'extérieur de l'institution dans laquelle les jeunes ne doivent plus être cloîtrés.

Les mineurs intellectuellement ou cognitivement trop faibles ou ceux dont le comportement est trop erratique, qualifiés *« d'inadaptés d'internat »*, sont divisés en trois sous-catégories :

*1. Excès d'internat (*les enfants placés depuis leur plus jeune âge*),*

2. Cas semi-psychiatriques,

3. Frustes[52].

Pour ces différentes catégories de mineurs, il faut concevoir des établissements spéciaux à faibles effectifs où la prise en charge est plus individualisée : « *La première exigence est de recevoir*

---

[49] *Note à Madame la directrice de l'Éducation surveillée (sd),* Archives nationales, 199010300/*18.*

[50] Les animateurs de *Peuple et culture* dont Joffre Dumazedier ou Bénigno Cacérès comptent parmi les intervenants habituels de la formation des éducateurs.

[51] P. Lutz, *op. cit.*, p. 87.

[52] P. Lutz, *op. cit.*, p. 90.

ces mineurs dans de petites collectivités dépourvues de réglementation générale : les exigences seront fonction des individus et des moments dans la vie de l'individu[53]. »
Nous avons résumé ici les grands principes pédagogiques de la direction de l'Éducation surveillée de 1960. Ils sont porteurs d'une contradiction fondamentale dont nous dirons un mot et sont oublieux du fait qu'à la veille de quitter son ministère, Jean Berthoin a changé la donne du côté de l'Éducation nationale[54].

Le IVe plan ou l'art de ne pas choisir… et de ne pas réaliser

Le premier plan d'équipement de l'Éducation surveillée tel qu'on le trouve exposé dans « *Le rapport annuel* » de 1962 semble reprendre ces principes. L'administration se propose de créer des COAE ou « équipement de base de tribunal pour enfants », composés d'un service de milieu ouvert et de moyens d'hébergement (un foyer de garçons et un foyer de filles). À terme, chaque tribunal pour enfants devra disposer d'un équipement de base[55].
Parallèlement, un ambitieux programme de construction d'internats est lancé. Cinq types d'internats sont prévus où l'on retrouve les préconisations de Paul Lutz :

- internats de rééducation pour mineurs scolaires ;
- internats professionnels pour mineurs de 14 à 17 ans ;
- internats professionnels pour adolescents de plus de 17 ans ;
- internats spéciaux pour débiles mentaux et frustes ;
- internats spéciaux pour mineurs perturbés psychiques[56].

On prévoit, dans ce premier plan, qualifié de plan d'urgence, l'édification de onze IPES et de neuf internats spéciaux (on n'indique pas de ventilation entre internats spéciaux pour débiles mentaux et frustes et internats spéciaux pour mineurs

[53] P. Lutz, *op. cit.*, p. 92
[54] Le 6 janvier 1959 Jean Berthoin, ministre de l'Éducation nationale, signe l'ordonnance qui prolonge la scolarité jusqu'à 16 ans.
[55] *Rapport annuel à Monsieur le Garde des sceaux, 1952, op. cit.*, p. 114-115.
[56] *Ibid.*, p. 117.

perturbés psychiques)[57]. On programme aussi la création de centres d'observation dont quelques centres d'observation de type fermé pour les « mineurs fugueurs ou difficiles ». L'ensemble est décliné sous la forme de « programmes régionaux ».
Ce plan a une double caractéristique. Il est le résultat d'un non-choix pédagogique entre le traitement en milieu ouvert au sens large et la rééducation en internat. Il y a en effet une contradiction fondamentale entre préconiser le travail avec la famille et/ou le milieu « naturel » du mineur et l'édification de structures implantées dans des zones rurales qui conservent bien des caractéristiques de l'institution totale. En 1966, seuls 18 % des parents des garçons admis dans un internat résident à moins de 100 kilomètres du lieu de placement de leurs enfants, 37,6 % sont distants de 100 à 300 kilomètres et 44,4 % habitent à plus de 300 kilomètres[58]. Surtout, ce plan ne sera pas réalisé. Sur les vingt internats initialement prévus, huit sont finalement créés[59] dont aucun internat spécial. Malgré tout, ces réalisations absorbent l'essentiel du budget d'investissement et obèrent le développement des COAE. En fait, l'administration s'obstine à édifier des structures qui correspondent de moins en moins aux méthodes éducatives et qui sont entrées dans une crise de légitimité.

Les IPES en crise ?

La crise des IPES se lit d'abord dans l'évolution du nombre de prises en charge. En 1961, les huit internats publics (six IPES pour garçons, une IPES pour filles et un internat approprié pour scolaires) suivent 1275 mineurs[60]. En 1966, alors que deux

---

[57] *Ibid.*, p. 120-124.
[58] *Rapport annuel à Monsieur le Garde des sceaux sur les activités des années 1965 et 1966,* Melun, Imprimerie administrative, 1968, p. 94. Les pourcentages sont calculés sur un total de 699 admissions.
[59] Agnetz, Ambrières, Brignoles, La Chapelle-Saint-Mesmin, Émancé, Montoy-Flanville, Saint-Biez-en-Belin (pour les garçons) et de Bourges pour les filles.
[60] *Rapport annuel à Monsieur le Garde des sceaux, 1961,* Melun, Imprimerie administrative, 1962, p. 63. Ce chiffre est obtenu en retirant de l'effectif des

nouvelles IPES ont vu le jour (Émancé dans les Yvelines et Saint-Biez-en-Belin dans la Sarthe), les effectifs tombent à 1242[61]. En 1968, après l'ouverture d'Agnetz (Oise), de La Chapelle-Saint-Mesmin (Loiret) et de Fays-les-Nemours (Seine-et-Marne), ils ne sont plus que 1167[62]. En 1971, ils sont 1103[63] alors que l'Éducation surveillée a ouvert trois nouvelles IPES pour garçons et une pour les filles[64]. De plus, ces chiffres ne concernent pas les jeunes présents au sein des établissements mais aussi les « *élèves à l'extérieur restant sous la responsabilité du directeur des IPES* », lesquels sont le plus souvent en « *permissions de longue durée* » dans leurs familles. Le suivi de jeunes par l'IPES est alors plus formel et se limite le plus souvent à quelques courriers adressés par le jeune au directeur ou à un éducateur comme le reconnaît un document de l'administration centrale consacré aux « *services de suite* » des IPES[65]. Si nous comptabilisons les mineurs présents, nous passons de 825 en 1961[66] à 498 en 1966[67]. Cette chute s'explique principalement par la politique judiciaire : les juges des enfants confient de moins en moins de mineurs aux internats et privilégient le milieu ouvert et les « petits foyers ». Entre le 1er janvier et le 31 décembre 1967, les juges confient 654 mineurs aux internats publics contre 1762 aux foyers de semi-liberté gérés par

établissements les 29 mineurs placés dans les deux foyers de semi-liberté gérés par l'Éducation surveillée (Nantes et Marseille).

61 *Rapport annuel à Monsieur le Garde des sceaux sur les activités des années 1965 et 1966*, p. 92. L'Éducation surveillée gère désormais 27 foyers qui hébergent, au 31 décembre 1966, 482 mineurs (*ibid.* p. 102).

62 *Rapport annuel à Monsieur le Garde des sceaux sur les activités des années 1967 et 1968,* Melun, Imprimerie administrative, 1969, p. 122.

63 Ministère de la justice, Direction de l'Éducation surveillée, *Statistiques, 1969-1970-1971,* Melun, Imprimerie administrative, 1977, p. 202.

64 Il s'agit des établissements d'Ambrières, Brignoles, Montoy-Flanville (pour les garçons) et de Bourges pour les filles.

65 *Arch. Nat.,* 19910300/22, Bureau K1, « Note sur les services de suite des IPES » (sd).

66 *Rapport annuel à Monsieur le Garde des sceaux, 1962,* Melun, Imprimerie administrative, 1963, p. 62.

67 *Rapport annuel à Monsieur le Garde des sceaux sur les activités des années 1965 et 1966, op. cit.,* p. 92. Notons que la ventilation entre les présents dans l'établissement et ceux à l'extérieur disparaît dans le rapport 1967-1968.

l'Éducation surveillée et 2290 mesures de milieu ouvert[68]. Autrement dit, quand les juges ou les tribunaux pour enfants placent dix jeunes en internat, ils confient parallèlement 26 jeunes aux foyers et 35 aux services de milieu ouvert[69]. Le mouvement s'accélère après 1967 puisqu'en 1973, toujours pour dix placements en internat, nous avons 27 placements en foyer et 51 prises en charge en milieu ouvert. Mais surtout, dès cette date, les caractéristiques des jeunes confiés aux internats changent et les *« mineurs supérieurs à un niveau mental donné et capables d'une certaine stabilité des occupations »,* pour reprendre l'expression de Paul Lutz, c'est-à-dire ceux qui profitaient réellement de la formation professionnelle et qui obtenaient le CAP ou un autre diplôme, sont justement ceux qui vont bénéficier d'une prise en charge en milieu ouvert (ou en petit foyer). Ce conflit est renforcé par la prolongation de la scolarisation désormais effective, d'autant plus que l'Éducation nationale a mis en place des dispositifs pour maintenir à l'école les élèves jusqu'en classe de troisième[70]. Alors qu'en 1959, 48 % des mineurs placés en IPES étaient titulaires d'un certificat d'études, gage d'une certaine maîtrise des savoirs de base[71], les juges vont confier aux IPES de plus en plus de mineurs en conflit précoce avec la « chose scolaire » et très démunis en matière de savoir. Les professeurs techniques vont alors se plaindre de la baisse du niveau et de l'hétérogénéité des élèves parfois avec virulence comme dans ce tract syndical de 1971 : « *Alors ! Voudrait-on compliquer à plaisir sa tâche* [celle du professeur technique] *en jetant pêle-mêle dans chaque établissement une clientèle des plus hétéroclites…* [72]». Ce changement se traduit par

---

[68] *Rapport annuel à Monsieur le Garde des Sceaux sur les activités des années 1967 et 1968, op. cit.*, 1969, p. 92, 102 et 105.

[69] Ces chiffres ne prennent pas en compte les mesures de liberté surveillée.

[70] L'Éducation surveillée n'a pas mesuré les conséquences de cette transformation. Il faut attendre 1970 pour que la direction demande à l'inspecteur Lucien Prétot d'animer un groupe de travail sur les « incidences de la prolongation de la scolarité sur la politique de l'Éducation surveillée » (cf. Arch. Nat., 19910300/53).

[71] *Rapport annuel à Monsieur le Garde des sceaux, 1959,* Melun, Imprimerie administrative, 1960, p. 115.

[72] Arch. Nat., 19910300/22, Dossier Saint-Maurice, tract du *Personnel de formation professionnelle de l'IPES de St-Maurice syndiqué au SNPTES-FO*, 25 avril 1971.

un recul du nombre de diplômes obtenus par les jeunes placés en IPES. En 1967, 557 garçons et 17 filles placés en IPES sont présentés aux divers examens professionnels (CAP, CFA, Certificat de la marine marchande, examens agricoles) et 409 obtiennent leur diplôme[73]. En 1973, le nombre de jeunes présentés tombe à 332 (325 garçons et 7 filles) pour 265 réussites (261 garçons et 4 filles)[74].

La remise en cause par les faits de la finalité des « écoles professionnelles » de l'Éducation surveillée n'est pas la seule raison du déclin de ces institutions. Ces établissements voués à une seule tâche, la formation, et toujours plus ou moins coupés du monde social « ordinaire » sont de moins en moins compatibles avec deux principes de plus en plus prégnants de l'éducation spécialisée : le maintien du jeune dans son milieu et la continuité de l'action éducative.

Les ISES : solution à la crise des IPES ?

En 1972, devant la commission *ad hoc* du Conseil de l'Europe, le responsable du bureau des méthodes de l'Éducation surveillée présente une communication sur les « *tendances de la rééducation des adolescents et des jeunes adultes délinquants*[75] ». Il reprend les critiques déjà formulées par Paul Lutz d'une « *action sur le mineur considéré isolément*[76] » qui ne tient pas compte de son environnement familial et social, mais surtout il met en cause les « *institutions et services bien séparés, essentiellement aptes à remplir une seule fonction à la fois* » comme les foyers de semi-liberté, les internats scolaires ou professionnels, les centres d'observation ou les services de milieu ouvert[77].

---

[73] *Rapport annuel à Monsieur le Garde des sceaux sur les activités des années 1967 et 1968, op. cit.*, p. 97.

[74] Ministère de la Justice, Direction de l'Éducation surveillée, *Statistiques, 1973,* Melun, Imprimerie administrative, 1977, p. 149.

[75] Arch. Nat., 19910300/45, Y. de Thévenard, *Tendances de la rééducation des adolescents et des jeunes adultes délinquants,* Conseil de l'Europe, Comité européen pour les problèmes criminels, sous-comité n° XIII, Strasbourg 11 décembre 1972, 6 p. Dact.

[76] *Ibid.* p. 1.

[77] *Ibid.* p. 2.

« Cette fragmentation de l'action éducative, écrit Yves de Thévenard, *permit notamment de mettre au point des méthodes d'investigation de la personnalité et des méthodes de traitement. Cependant, l'idée qu'il faut penser aux lieu et place du mineur et que l'on sait d'instinct, d'expérience ou de la science, qu'elle est la solution qui lui convient le mieux, conduit à cette conséquence qu'il apparaît nécessaire de soustraire le plus souvent possible le mineur aux influences néfastes qui l'ont conduit là où il est, et les remplacer, fût-ce sous la contrainte, par l'influence bénéfique d'éducateurs modèles sous la dépendance desquels il convient de le maintenir. Le rôle de l'éducateur consiste dès lors à donner l'exemple et à faire accepter, par le moyen éventuel de manipulations plus ou moins acrobatiques, les contraintes de l'institution ou du cadre de vie. Dans le même temps la solution qui paraît offrir les meilleures garanties à l'ordre social, dans le cas des mineurs particulièrement difficiles, est celle qui procure la plus grande dépendance du mineur vis-à-vis de ses éducateurs, c'est-à-dire le gros internat professionnel et hiérarchisé au régime de type plus ou moins militaire, situé à la campagne qui développe une grande immaturité affective et un conformisme qui peut faire illusion, et, à l'opposé, le petit foyer urbain, hyper protecteur, de type paternaliste. La pédagogie de groupe est alors de rigueur. Cependant, devant les difficultés rencontrées dans la pratique du fait de maintenir ensemble, artificiellement, pendant un laps de temps assez long, des mineurs perturbés dont les caractères sont parfois incompatibles, les groupes s'amenuisent tandis qu'augmente, en vain, le nombre des éducateurs*[78] ... » Quant à « *l'action éducative en milieu ouvert sans aucun support d'hébergement ou*

[78] Quand Yves de Thévenard rédige sa communication un foyer comprend généralement six éducateurs, un chef de service, deux cuisinières et une secrétaire pour une vingtaine de jeunes. Précédemment l'équipe se composait d'un chef de service, de deux éducateurs et d'une cuisinière pour vingt-cinq ou trente jeunes.

autre [elle] *est également assez limitée dans ses effets*[79] ».

Pour obvier à tous ces inconvénients, le responsable des méthodes de l'Éducation surveillée propose une nouvelle approche qu'il nomme action éducative globale : « *L'action éducative globale suppose au contraire que les structures se plient aux besoins changeants des mineurs, c'est-à-dire qu'un régime souple allant du système résidentiel au milieu ouvert soit constamment offert au mineur sous le contrôle de l'autorité de tutelle qu'elle soit judiciaire ou administrative : aux ruptures successives s'opposent la continuité de l'action éducative. Celle-ci postule également que, non seulement le mineur puisse être suivi, mais, également, sa famille et aussi le groupe de jeunes auquel il appartient*[80]. »

Ce que l'auteur décrit comme une « *tendance actuelle de la rééducation*[81] » n'existe que de façon balbutiante. Ce fonctionnement intégré dans toutes les formes d'intervention est testé depuis 1969 dans un ancien Bon Pasteur racheté par l'Éducation surveillée, celui de Bourges, sous le vocable de « complexe éducatif[82]». Mis en place par la directrice de l'établissement Renée Prévaud, dans l'euphorie de 1968, ce nouveau mode de fonctionnement séduit l'inspecteur de l'Éducation surveillée Lucien Prétot qui écrit : « *Bonne formule qui vise à réaliser l'essentiel des aspirations actuelles en rééducation : prises en charge individualisées en fonction des besoins des adolescentes, contribution du milieu, direction dynamique et créative*[83]». Il s'inspire totalement de l'expérience Berruyère dans son rapport sur les « *incidences de la prolongation de la scolarité sur la politique de l'Éducation*

---

[79] Y. de Thévenard, *op. cit.,* p. 2-3.

[80] Y. de Thévenard, *op. cit.,* p. 4.

[81] On notera que si dans le titre l'auteur utilise le terme de rééducation, dans le texte il n'utilise que la locution « action éducative ».

[82] Sur cette expérience, F. Tétard, C. Dumas, *Du Bon Pasteur à l'Éducation surveillée (XIXe-XXe siècle),* Paris, Beauchesne-ENPJJ, 2009, p. 325-377.

[83] Lucien Prétot, rapport d'inspection, 30 avril 1970, cité par Françoise Tétard, Claire Dumas, *op. cit.,* p. 348.

surveillée » quand il expose les principes qui doivent prévaloir pour structurer les services extérieurs de l'Éducation surveillée :

« *Les programmes pédagogiques, d'où découlent logiquement le choix des terrains et les réalisations architecturales (et non l'inverse), doivent s'inspirer de certains principes fondamentaux.*
Les mineurs ne doivent pas être traités en fonction de structures rigides, monolithiques où, vaille que vaille, ils doivent passer un temps fixé a priori (dicté par le fonctionnement de l'institution) et plus ou moins séparés du corps social (internat traditionnel).
1- Au contraire, il faut répondre aux besoins réels individuels des adolescents à tout moment de leur évolution et, pour ce faire, disposer de services souples et polyvalents ;
2- La réinsertion sociale ne peut se concevoir que dans la relation permanente à l'environnement socio-culturel le plus riche et par l'utilisation maximum des ressources culturelles et économiques du milieu qui doit être impliqué dans la tâche ;
3- Il est essentiel que la continuité de l'action éducative soit assurée concrètement (non formellement) [...] ;
4- La notion de prise en charge continue par une équipe pluridisciplinaire doit remplacer celle de placement dans un établissement à régime unique »[84].

Ce projet n'est pas sans rappeler la mutation de la psychiatrie et la création du secteur. Le groupe de travail « Prétot » le reconnaît et cite le rapport Bloch-Lainé comme source d'inspiration[85]. Il sera partiellement repris par la direction de l'Éducation surveillée qui proposera de transformer les IPES en établissements polyvalents rebaptisés ISES. L'implantation des IPES, plus récentes et plus proches des centres urbains, rendra difficile « l'utilisation maximum des ressources culturelles et économiques du milieu » ou même le travail avec les familles. Le plus souvent, la transformation en ISES n'aura pour effet

[84]Arch. Nat., 19910300/53, L. Prétot, *Incidences de la prolongation de la scolarité sur la politique de l'Éducation surveillée*, p. 11.
[85] *Ibid.*, annexe 3.

que de retarder la fermeture de l'établissement et de générer des conflits parfois assez violents entre les personnels, notamment entre les enseignants techniques attachés à un fonctionnement traditionnel et les éducateurs acquis aux nouveaux principes. Si Saint-Hilaire ferme en 1974, les dernières IPES rebaptisées ISES cessent leurs activités dans les années 1990 après de longues et coûteuses agonies. De plus, non seulement les équipes multifonctions ne voient pas véritablement le jour, mais les COAE qui réunissaient petits foyers et services de milieu ouvert abandonnent leur fonctionnement intégré. Nous assistons à une parcellisation accrue des tâches entre formation/insertion, hébergement, investigation, milieu ouvert, etc. Les effets de cette division du travail si vivement condamnée dès la fin des années 1960, préjudiciable à tous, sont particulièrement sensibles au niveau de l'hébergement et, comme l'avait prédit Yves de Thévenard, le nombre de jeunes diminue, celui des éducateurs augmente et les problèmes demeurent.

Conclusion

Entre 1960 et 1974 (date de la première fermeture d'une IPES « historique »), l'établissement phare de la prise en charge du mineur de justice évolue, se transforme avant de disparaître non sans quelques convulsions. Cette mutation radicale de la prise en charge des mineurs de justice (et elle est encore plus radicale s'agissant des mineures) n'est pas due à une évolution législative. En effet, entre 1958 et 1974, l'ordonnance du 2 février 1945 relative à l'enfance délinquante ne connaît pas d'évolution significative. Cette métamorphose doit plus à la prolongation de la scolarité et à la massification du secondaire ; aux transformations de la famille, des rapports de genre et de la sexualité ; à l'explosion de la consommation de masse et au développement d'une « culture jeune » ; à l'achèvement de l'urbanisation et à la naissance des grands ensembles ; à l'avènement d'une société plus individualiste qu'aux évolutions du droit des mineurs. *Mai 68* joue, bien sûr, un rôle d'accélérateur mais ces mouvements avaient démarré avant et se poursuivent bien au-delà des accords de Grenelle.

La justice juvénile en débat sur la scène internationale (1900-1935)

Nicolas Derasse
Maître de conférences en histoire du droit
Université Lille 2

Alors que la France vient de célébrer les 70 ans de l'ordonnance du 2 février 1945, la discussion se prolonge sur un texte dont l'opinion publique, les journalistes ou encore la classe politique se demandent s'il est toujours une réponse appropriée à la prise en charge du mineur délinquant. Attachée au « principe d'intérêt de l'enfant » et à celui de son « éducation », cette réforme d'après-guerre, qui inaugure une nouvelle ère dans la justice juvénile, est présentée comme « l'aboutissement d'un processus », mieux encore comme « le produit d'une évolution qui s'est amorcée à la fin du XIXe siècle[86] ». Si les avancées s'opèrent alors en France, elles dépassent largement nos frontières, ainsi qu'en attestent les rencontres internationales qui se tiennent dès cette période dans le domaine du droit pénal. L'importante dimension de la question des mineurs ressort en particulier des congrès pénitentiaires internationaux organisés à partir de l'année 1846, assemblées dont la fréquence s'accentue dès la réunion de Londres en 1872[87]. À l'occasion de ces rencontres, des experts de tous pays – juristes, médecins, personnalités politiques, hauts fonctionnaires et délégués officiels, philanthropes pour la plupart – s'efforcent de

---

[86] « Sur les traces d'une ordonnance sexagénaire », Entretien avec Jean-Jacques Yvorel, *Les Cahiers Dynamiques*, 2005/1, n° 33, p. 4-5.

[87] Le premier congrès s'est tenu à Francfort en 1846, avant un second réuni l'année suivante à Bruxelles. À partir du congrès de Rome en 1885, les rencontres se tiennent tous les cinq ans. Pour l'historique de ces réunions, voir N. Derasse, « La récidive dans les congrès pénitentiaires internationaux du XIXe siècle », dans J.-P. Allinne et M. Soula (dir.), *Les récidivistes. Représentations et traitements de la récidive XIXe-XXIe siècles*, Rennes, PUR, 2010, p. 97-113.

contribuer, par les résolutions qu'ils adoptent, à la réforme pénale.

Depuis Bruxelles en 1900 jusqu'à Berlin en 1935[88], ces rassemblements offrent un éclairage différent sur la question de l'enfance délinquante et sur les réponses qu'il convient d'y apporter durant la première moitié du XXe siècle. Ce regard n'est pas centré sur l'exécution de la peine. En effet, le champ pénitentiaire n'est pas l'unique sujet de ces congrès qui, à partir du rassemblement de Prague en 1930, s'intituleront officiellement « congrès pénal et pénitentiaire international ». À l'occasion de chaque rencontre – cela est le cas depuis le congrès de Paris en 1895 –, une section est ainsi systématiquement consacrée aux mineurs. Elle permet, sur la base de rapports établis à l'initiative de la *Commission internationale pénale et pénitentiaire*, d'engager une discussion sur des thèmes très variés. À Budapest en 1905, on s'interroge ainsi sur l'opportunité « de créer des établissements d'observation pour les jeunes délinquants, les enfants vicieux ou moralement abandonnés ». Plus tard, à Washington, en 1910, le congrès débat des « mesures à prendre pour combattre l'oisiveté et le vagabondage des enfants dans les grandes villes ». À Berlin, en 1935, la discussion s'engage encore sur la possibilité de « conférer aux tribunaux pour enfants le pouvoir de statuer sur les mesures à prendre à l'égard des enfants et adolescents dévoyés ou en danger moral ».

Jusqu'à la veille du second conflit mondial, les mineurs et leurs déviances font naître beaucoup d'interrogations, dans un contexte singulier où la guerre se dresse en toile de fond, agissant comme un terreau pour la délinquance des plus jeunes. Durant cette période, l'intérêt pour les problématiques liées à l'enfance ne fléchit jamais, ainsi qu'en témoignent certaines initiatives, comme l'institution, en 1913, de l'*Association*

[88] Au XXe siècle, les congrès se tiennent à Bruxelles en 1900, à Budapest en 1905, à Washington en 1910, à Londres en 1925, à Prague en 1930 et à Berlin en 1935. Une dernière réunion interviendra à La Haye en 1950. Postérieure à l'ordonnance du 2 février 1945, elle n'entrera pas dans notre champ d'étude.

internationale pour la protection de l'enfance, et la tenue, au début du XXe siècle, d'un certain nombre de congrès consacrés aux mineurs[89]. Ces problématiques sont d'ailleurs assimilées, pour reprendre le propos d'un magistrat polonais, aux « anneaux d'une longue chaîne, se déroulant logiquement d'un congrès à l'autre[90] ». Dans une dimension comparatiste, la confrontation des théories et des pratiques entre personnalités issues d'horizons professionnels bigarrés fait ressortir des expériences neuves mais aussi des caractéristiques dont la justice juvénile peine à se défaire.

De 1900 jusqu'à la veille de la seconde guerre mondiale, ce cadre pluridisciplinaire que représentent les congrès pénitentiaires internationaux offre un angle intéressant pour cerner les préoccupations de la communauté internationale en matière de délinquance et de justice juvénile. En s'efforçant d'avoir à l'esprit l'ordonnance de 1945 et sa dimension protectrice, il paraît important de déterminer la position des participants à ces rencontres quant à la prise en charge du mineur délinquant ou « moralement abandonné » (II). Avant de dévoiler ces tendances, il faut d'abord s'interroger sur la figure de ce mineur, en danger, pour tenter d'en dessiner les traits (I).

Le portrait de l'enfance coupable

L'enfant auquel songent la plupart des congressistes ressemble à un Janus. L'une de ses faces le représente comme une victime, pauvre mineur « matériellement ou moralement abandonné »,

---

[89] On relèvera notamment ce congrès international des tribunaux pour enfants à Paris à l'été 1911 ou encore ce premier congrès international de la protection de l'enfance à Bruxelles en 1913. On notera qu'au « plan européen, la Belgique et la France apparaissent comme les principales initiatrices de ces rencontres », M.-S. Dupont-Bouchat, « Le mouvement international en faveur de la protection de l'enfance (1880-1914) », *Revue d'histoire de l'enfance « irrégulière »*, 2003, n° 5, p. 218. Pour une bibliographie plus complète sur l'enfance et la justice, on renverra à J.-P. Royer *et alii*, *Histoire de la Justice en France*, 4e éd., Paris, 2010, p. 614, n° 373.

[90] M. A. de Moldenhawer, président du tribunal à Varsovie, *Actes du congrès pénitentiaire international de Budapest, septembre 1905*, Budapest et Berne, 1907, t. 5, p. 100.

l'autre sous les traits d'un jeune « vicieux » dont la régénération s'annonce délicate, sinon compromise. Socialement, ces deux profils ont en commun des conditions de vie très précaires, où la misère agit « comme un ferment dissolvant et corrupteur ». À titre d'exemple, les villes « populeuses » de l'Angleterre laissent ainsi apparaître une multitude « d'enfants affamés, déguenillés, ignorants et abandonnés à eux-mêmes » dont les participants aux congrès sont nombreux à penser qu'ils tomberont « infailliblement dans le paupérisme ou dans le crime[91] ».

Pour une majorité des membres des congrès, le jeune délinquant se recrute dans un milieu spécifique, celui de la classe ouvrière, comme on le martèle déjà au XIXe siècle, dans des familles où le nombre d'enfants est jugé excessif au vu des ressources. Il peut avoir de bons parents, très honnêtes, mais que leur travail éloigne de leur progéniture au quotidien, avec des heures de liberté qui sont autant d'aubaines pour de mauvaises rencontres chez ces jeunes aux « appétits naissants ». On en décrit même certains, moralement abandonnés, chez qui tous les efforts, « même des meilleurs parents, ne font aucune impression » et qui finissent par descendre « graduellement la pente de la corruption, pour en arriver jusqu'à l'antichambre du juge d'instruction[92] ».

À l'inverse, l'ascendance peut être moins exemplaire, ce qui conduit un juge français, siégeant au tribunal civil de Morlaix, à affirmer que « la criminalité enfantine n'est que la projection agrandie de la démoralisation paternelle et maternelle avec, comme grandes sources, l'alcoolisme et la débauche[93] ». Ils représentent, d'après un congressiste hongrois, « les enfants poussés au crime », victimes de l'éducation négligée ou du « mauvais exemple[94] ». Le directeur de l'administration

---

[91] *Actes du congrès pénitentiaire international de Bruxelles, août 1900*, Bruxelles et Berne, 1901, t. 5, p. 247 et 258.

[92] *Actes du congrès pénitentiaire international de Budapest*, *op. cit.*, t. 1, p. 314.

[93] *Actes du congrès pénitentiaire international de Washington, octobre 1910*, Groningen, 1913, t. 1, p. 261.

[94] *Actes du congrès pénitentiaire international de Budapest*, *op. cit.*, t. 1, p. 314.

pénitentiaire française décrit à Budapest une « légion de fils d'alcooliques » et d'enfants qui, « hélas ont déjà eux-mêmes abusé de l'alcool »[95] pour s'ancrer de manière trop précoce dans l'ivrognerie, souvent présentée comme une des causes de la criminalité des délinquants mineurs, au même titre d'ailleurs, cela est évoqué à Londres en 1925, « que les images corruptrices » et « les débauches de publicité illustrée qui envahissent la rue ». Lors de ce congrès, on dénonce en particulier « le cinématographe » qui, par ses films, accapare les enfants, surtout durant les « années de la puberté[96] ». Ici, les « deux pivots sont le crime et le sexe » qui génèrent, selon un avocat italien, la « suggestion » autant que « l'imitation » – on voit là l'influence de Gabriel Tarde – et révèlent les « penchants criminels » en réveillant « dans les consciences la disposition au crime[97] ». Pour contrer ce mal, les congressistes suggèrent, dans leurs résolutions, une censure, seule capable « de prévenir dans les films toute atteinte à la moralité de la jeunesse ».

De telles ripostes semblent nécessaires chez ces hommes pour faire face à l'augmentation de la délinquance juvénile, observée dans un grand nombre d'États depuis la fin du XIXe siècle. C'est ce que rappelle un inspecteur général des prisons d'Italie lors du congrès de Budapest en 1905, évoquant des chiffres alarmants en Italie, en Allemagne, en Prusse ainsi qu'en France où, dit-il, le nombre de « mineurs condamnés annuellement surpasse 40 000 ». Il souligne encore que ces statistiques concernent des pays qui « ont des juges, des codes et des prisons, et que (...) ces juges, ces codes et ces prisons ne restent oisifs[98] ». Cet état de la criminalité précoce, en Europe comme ailleurs, contribue largement par sa dimension à ce que les congressistes naviguent entre cette double présentation du mineur, tantôt victime, tantôt animé, déjà, de tendances vicieuses. On est saisi, concernant ce dernier, de la sévérité du propos tenu par les participants aux congrès, en particulier des

[95] *Ibid.*, p. 464.
[96] *Actes du congrès pénitentiaire international de Londres, août 1925*, Berne, 1927, t. 1, p. 292.
[97] *Ibid.*, t. 4, p. 280-281.
[98] *Actes du congrès pénitentiaire international de Budapest*, *op. cit.*, t. 5, p. 47.

professionnels qui, ici et là dans le monde, dirigent les structures qui accueillent les enfants et les adolescents. Ceux-ci rappellent bien, ainsi que le fait le directeur de la maison centrale de Fontevraud, que les « petits malheureux » ont besoin « d'aide, de protection et de secours matériels et moraux ». Il n'en demeure pas moins indispensable, ajoute-t-il, « de ne pas se bercer de trop d'illusions, de ne pas trop croire à certaines idées trop charmeuses, d'une philosophie et d'une tendresse exagérées, et de bien se pénétrer de cette idée que le médecin par trop bénin rend la plaie purulente[99] ».
Ces paroles permettent à ces hommes d'évoquer les difficultés de prise en charge de certains profils. Jusqu'à la veille de la première guerre mondiale, on parle fréquemment des classes « les plus pénibles », composées de jeunes « ingouvernables » et très « indisciplinés », au caractère difficile et « vicieux » jusque « dans leurs penchants », parfois même « fatalement pervers ». Parmi eux, beaucoup sont en situation de récidive, ce qui retient l'attention des experts présents lors des congrès, en particulier à Bruxelles en 1900. Lors de cette réunion, il leur est demandé de s'exprimer sur « les conditions » qui « doivent être exigées pour que les mineurs puissent être considérés comme récidivistes et quelles conséquences la récidive doit-elle entraîner à leur égard ? » Certains pensent que « la récidive, avec les conséquences qui lui sont ordinairement attachées par la science pénale, est un non-sens ». Dès lors, il ne peut pas y avoir – disent-ils – de « mineurs récidivistes[100] ». Plus généralement, les orateurs conditionnent la qualité de récidiviste à l'âge et souhaitent qu'en deçà de la majorité pénale, le jeune ne puisse être reconnu comme un récidiviste. Ici, il est admis que « la faute de l'enfant provient du milieu » et qu'il ne peut donc être tenu pour responsable[101].

---

[99] *Actes du congrès pénitentiaire international de Bruxelles*, *op. cit.*, t. 5, p. 245.

[100] La remarque émane du directeur de l'orphelinat israélite de La Nouvelle-Orléans, Hermance *et alii*, « Le VIe congrès pénitentiaire international », *Bulletin de la Société générale des prisons*, 1900, n° 7, p. 1237.

[101] Au final, le congrès de Bruxelles adoptera la résolution suivante : « La notion tant légale que théorique de la récidive est étrangère à la criminalité des

Sur cette question de la récidive, les congrès pénitentiaires laissent apparaître des positions très radicales. On entend en effet certaines personnalités s'exprimer en faveur des thèses positivistes pour mieux tenter de les prolonger, voyant dans le mineur un « incorrigible ». Telle est l'attitude qu'adopte une directrice d'école industrielle de jeunes filles du Massachusetts, soutenant qu'il y a « des êtres qui naissent mauvais, et chez lesquels la vertu n'existe pas même en germe latent, car, inévitablement, les péchés des parents retombent sur leurs enfants ». La même ajoute que « lorsqu'un enfant est resté absolument réfractaire à tout ce que l'on a pu tenter pour son bien, alors seulement on peut le considérer comme récidiviste et le traiter en conséquence », c'est-à-dire le punir[102]. Un autre portrait, dressé à Budapest en 1905, décrit un enfant atteint d'une « difformité du crâne, d'une asymétrie de la face, d'une malformation des oreilles, et de stigmates divers[103] ». Ce tableau, on le voit bien, n'a rien à envier aux conclusions du docteur Lombroso.

D'autres se réfèrent à la classification proposée par son disciple Ferri et décèlent chez le mineur délinquant d'habitude « une tare héréditaire » qui fait de lui un « dégénéré épileptique » et même un « criminel-né ». Le caractère de ces jeunes individus, comme l'affirme cette personnalité russe, présente souvent « quelque chose d'anormal, une espèce de difformité morale, d'autant plus sensible quand on a affaire aux enfants de gens dégénérés ». Parmi eux, il y a même « une caste spéciale où l'on remarque, comme caractéristique, le manque complet de sens moral (…). Ici, la culture se montre complètement impuissante. Ces individus absolument revêches forment la catégorie des criminels nés[104] ». À leur égard, un docteur américain, officiant dans une école spéciale pour enfants faibles d'esprit du New Jersey, prône l'interdiction de « se marier » et

mineurs. Par conséquent, tant qu'un individu est en état de minorité pénale, il n'y a pas lieu de le déclarer récidiviste », *ibid.*, p. 1240.

[102] *Actes du congrès pénitentiaire international de Bruxelles*, *op. cit.*, t. 5, p. 4.

[103] *Actes du congrès pénitentiaire international de Budapest*, *op. cit.*, t. 1, p. 463.

[104] *Actes du congrès pénitentiaire international de Bruxelles*, *op. cit.*, t. 5, p. 500.

de « se reproduire ». Ces enfants, conclut-il, « ne doivent pas menacer la vie d'autrui ni détruire la propriété au-delà de limites raisonnables, mais il faut qu'ils vivent leur vie[105] ».

Cette tendance à cataloguer les enfants vicieux comme des êtres anormaux, ayant « cessé de croître mentalement à l'âge où dominent les instincts qui conduisent au crime »[106] comme le prétend ce même médecin, s'affaiblit brusquement au lendemain du premier conflit mondial, à l'heure où les idées de Lombroso ne sont plus de saison. On parle toujours alors de l'enfant vicieux mais on prend soin de moins l'accabler, tant au plan physique que psychique. Malgré tout, on continue fréquemment de le présenter comme un être difficilement corrigible.

Quelle que soit la figure que l'on donne à l'enfant coupable, il est une considération qui reste omniprésente à l'esprit des participants aux congrès pénitentiaires, celle de l'âge à partir duquel le jeune atteint la majorité pénale. Nombreuses sont les nations à fixer la ligne de démarcation à 16 ans, seuil où « les portes d'or de l'enfance », pour reprendre l'expression du président des directeurs de pénitenciers en Angleterre, se ferment[107]. C'est l'option qu'a d'ailleurs choisie la France depuis l'adoption du Code pénal en 1791 et qu'elle va prolonger jusqu'à la loi du 12 avril 1906[108].

Certains congressistes estiment cette limite bien trop basse et considèrent qu' « une personne ne peut être regardée comme pleinement responsable avant l'âge de 21 ans, c'est-à-dire l'âge de la maturité. Il est scientifiquement vrai que le corps n'atteint son plein développement, notamment mental, avant cet âge ». Certains veulent d'ailleurs ajouter que « les autorités scientifiques ont remarqué que les enfants des classes pauvres se développent physiquement beaucoup plus tard que ceux des classes plus favorisées, peut-être pas avant leur 25e ou leur 26e

---

105 *Actes du congrès pénitentiaire international de Washington*, *op. cit.*, t. 1, p. 255.

106 *Ibid.*, p. 254.

107 *Actes du congrès pénitentiaire international de Bruxelles*, *op. cit.*, t. 3, p. 248.

108 Ce texte fixe l'âge de la majorité pénale à 18 ans.

année[109] ». Quelques-uns admettent toutefois que « l'opinion publique » n'est pas préparée à « étendre cette limite d'âge à un tel degré ». Le débat concerne également le seuil en deçà duquel l'enfant est irresponsable de ses actes. Cette limite, parfois très basse – 7 ans dans certains pays[110] et 13 ans en France dès la loi du 22 juillet 1912 –, conduit les États à émettre le vœu, comme cela est exprimé à Budapest en 1905, « que dans toutes les législations, une limite inférieure d'âge soit fixée, au-dessous de laquelle l'enfant ne pourra être l'objet d'aucune procédure judiciaire[111] ».

Le congrès veille ici à ne pas déterminer cet âge, laissant cette décision aux différentes nations. On voit là la portée des résolutions adoptées lors de ces réunions internationales, lesquelles sont des invitations à la réforme. Une bonne partie des États, ceux d'Europe notamment, l'ont bien compris et retiennent la limite des 16 ans comme majorité pénale. En deçà de cet âge, on s'efforce de « sortir les enfants du pénal, pour autant qu'ils ne soient pas complètement viciés » et que « *la dépravation n'ait pas encore complètement achevé sur eux son œuvre*[112] ».

Dans ces portraits dressés de l'enfance coupable, on anticipe presque ce qui paraît l'essentiel aux yeux des personnalités présentes aux congrès, autrement dit les « mesures à prendre pour guérir le mal ». On en oublierait presque la question des « causes du mal » sur laquelle ces rassemblements d'experts n'apportent aucune réponse ou presque. Certains le regrettent et estiment que « c'est aux causes qu'il faut s'attaquer, après les avoir déterminées par la méthode expérimentale, et c'est le milieu qui doit être modifié et non l'enfant ». De l'avis d'un participant français, cette « grave lacune » doit être attribuée au fait que les congrès n'ont pas assez offert la parole aux

---

109 *Actes du congrès pénitentiaire international de Bruxelles*, *op. cit.*, t. 3, p. 255.

110 C'est le cas en Angleterre où les lois rendent « criminellement responsables les enfants âgés de 7 ans », *Actes du congrès pénitentiaire international de Budapest*, *op. cit.*, t. 1, p. 335.

111 *Ibid.*, t. 1, p. 457.

112 M.-S. Dupont-Bouchat, « Le mouvement international en faveur de la protection de l'enfance (1880-1914) », *op. cit.*, p. 220.

sociologues, préférant la donner aux « maîtres de la science pénale et surtout de la médecine[113] ».

La prise en charge du mineur déviant

Parmi les grands enjeux qui ressortent des discussions tenues lors de l'ensemble de ces congrès pénitentiaires internationaux de la première moitié du XXe siècle, figure la question du traitement qu'il convient de proposer à l'égard des mineurs déviants. Pour la plupart des participants à ces rencontres, la priorité est bien là. En ce domaine, il est une autre préoccupation que les congressistes gardent à l'esprit, celle d'une nécessaire distinction avec la pénalité des adultes. Sur ces points, la communauté internationale est en attente de propositions. Il faut certes connaître l'enfant délinquant mais aussi offrir des réponses aux actes qui lui sont attribués.

Pour une minorité des congressistes, le traitement de la délinquance juvénile ne peut s'envisager autrement que de manière répressive, en gardant en tête, comme cette conférencière américaine, l'idée que « certaines natures ne se plient que sous le châtiment[114] ». À l'égard des enfants considérés comme des « sujets complètement corrompus sur lesquels nulle action intellectuelle n'exerce d'effet[115] », il n'y a pas d'autre voie, selon certains, que les châtiments corporels. Une poignée de participants n'a de cesse, jusqu'en 1910, de réclamer « de forts moyens coercitifs d'ordre physique » tels que « la bastonnade », « les retranchements dans l'alimentation[116] » ou encore le fouet dont un substitut du procureur en poste en Algérie regrette qu'il ne « soit plus de mode aujourd'hui[117] ».

[113] Hermance et al., « Le VIe congrès pénitentiaire international », *op. cit.*, p. 1236.
[114] *Actes du congrès pénitentiaire international de Bruxelles*, *op. cit.*, t. 5, p. 4.
[115] Propos de M. Ernest Kiss, *Actes du congrès pénitentiaire international de Budapest*, *op. cit.*, t. 1, p. 337.
[116] *Id.*
[117] *Actes du congrès pénitentiaire international de Washington*, *op. cit.*, t. 1, p. 271.

Ces réponses radicales côtoient d'autres mesures certes moins spectaculaires mais tout aussi rigoureuses, comme la transportation, abordée lors du congrès de Bruxelles en 1900. « L'émigration ou l'établissement dans une possession coloniale » du mineur soumis « au régime éducatif des établissements de réformes » est une pratique déjà expérimentée, en particulier par les Anglais au Canada et même par les Français, avec l'envoi en Nouvelle-Calédonie d'enfants placés en correction à la Petite-Roquette[118]. Toutefois, ces voyages ont rencontré « plus ou moins de succès » et ils n'ont pas été suffisamment concluants pour dissiper des craintes que résume bien un médecin canadien, présentant l'émigration comme « une présomptueuse folie qui court droit à un désastre[119] ».

L'exemple montre bien que les congrès cèdent à l'air du temps, à une époque où la relégation a depuis peu fait son apparition. On aura une nouvelle fois l'occasion de constater cet « effet de mode » lors du congrès de Londres en 1925 où il est proposé aux congressistes de débattre des « mesures à prendre envers les adultes anormaux (arriérés, faibles d'esprit) manifestant des tendances dangereuses » et sur l'opportunité d'appliquer ces mesures « aux enfants de la même catégorie ». Les discussions permettent d'aborder la question de la stérilisation, pratiquée à l'époque dans 18 États américains et dans d'autres pays, y compris en Europe (Suisse, Norvège, Finlande, Islande). Dans ce cadre, un médecin américain invite à recourir à cette pratique à l'égard des enfants anormaux, tout au moins pour la période précédant la libération du jeune de l'établissement dans lequel il a été placé[120]. Si les congressistes londoniens n'intègrent pas cette disposition dans leurs résolutions, leurs collègues réunis à Berlin en 1935 demeurent plus réceptifs sur cette question. Il est

[118] L'expérience avait été tentée également en Algérie, *Actes du congrès pénitentiaire international de Bruxelles*, *op. cit.*, t. 4, p. 8.

[119] *Id.* Concernant la France, l'expérience en Algérie a « été de peu de profit pour les enfants et la colonisation ».

[120] Pour ce professionnel se présentant comme un « simple docteur de famille », la seule voie reste en effet qu' « avant de libérer ces gens après leur éducation, il faudrait les stériliser », *Actes du congrès pénitentiaire international de Londres, op. cit.*, t. 1, p. 318.

vrai que la stérilisation, dans son « côté pénal », est présentée dans le discours d'ouverture comme un « problème capital »[121]. Il est discuté entre autres de la possibilité de recourir à cette pratique pour « prévenir la survenance d'enfants de psychopathes ». En plein débat sur l'eugénisme, les divisions restent profondes, avec des échanges souvent houleux desquels il ressort que cette technique a une efficacité qui n'est pas démontrée et qu'elle n'est rien d'autre qu'une mutilation. Pourtant, les participants admettront parmi leurs résolutions que « la stérilisation par contrainte pour des indications eugéniques est une mesure préventive recommandable, étant donné qu'elle abaisserait pour l'avenir le nombre des individus anormaux parmi lesquels se recrutent pour une part notable les criminels[122] ».

Les congrès pénitentiaires internationaux s'arrêtent longuement par ailleurs – n'est-ce pas là leur vocation – sur le rôle de la prison et l'usage qu'il faut en faire à l'égard des mineurs. À Berlin en 1935, un consensus semble se dégager contre la détention préventive dont on s'accorde à dire qu'elle engendre « l'esprit de révolte et d'hostilité envers la société en général et envers l'autorité judiciaire en particulier ». De même, cet emprisonnement provisoire génère un contact inévitable et nocif avec « les criminels adultes dont le caractère est définitivement formé ou déformé[123] ». Les critiques sont suffisamment

---

[121] Discours du docteur Erwin Bumke, président de la Cour suprême du Reich et président du congrès pénitentiaire, *Actes du congrès pénal et pénitentiaire international de Berlin, août 1935*, Berne, 1936, t. 1b, p. 185. Les conférenciers de Berlin eurent à débattre de la possibilité, « dans le système pénal moderne, d'appliquer la stérilisation, soit par castration, soit par vasectomie ou par salpingectomie ».

[122] *Actes du congrès pénal et pénitentiaire international de Berlin, août 1935, op. cit.*, p. 53.

[123] *Actes du congrès pénal et pénitentiaire international de Berlin, août 1935, op. cit.*, p. 408. Les congrès sont l'occasion de rappeler que les législations européennes appliquent un régime de détention commune « des délinquants mineurs avec les criminels adultes » et ce bien après qu'ait été recommandée, à l'occasion du congrès de Budapest en 1905, l'application d'une séparation stricte, avec nécessité pour les États, de « créer des quartiers spéciaux ou des prisons spéciales destinés à recevoir exclusivement les jeunes prisonniers ».

nombreuses pour que les membres du congrès, de façon sage, recommandent au final que « la détention préventive des mineurs doit être évitée, à moins que les nécessités de l'instruction ne l'exigent[124] ». Une majorité nette parvient également à se former sur la forme du régime de détention. D'un congrès à l'autre, les congressistes vantent les avantages du système cellulaire, seul à même, parce qu'il isole, d'être le moins nocif pour le jeune condamné. Une poignée de professionnels reste dubitative, comme cet instituteur de la maison d'éducation correctionnelle de la Petite-Roquette à Paris. « En cellule – affirme-t-il – l'enfant devient généralement non pas affecté et morose mais indifférent. Il s'habitue rapidement à sa nouvelle existence. La liberté n'est pas oubliée, mais parfois elle n'est plus désirée, car souvent elle rappelle le froid, la faim, les mauvais traitements ». On voit là plus généralement les effets de l'incarcération avec des mineurs qui « quittent leur cellule sinon avec esprit de retour, du moins sans appréhension d'un nouveau séjour[125] ».
Au fil des réunions, c'est bien l'aversion envers l'incarcération, assimilée à « un venin » et à une « tombe » qui progresse et prédomine. La tendance est nette, au moins autant que la nécessité de proposer lors du séjour carcéral une occupation, à l'extérieur parfois, et une instruction, notamment morale et religieuse, pour les mineurs. Les participants gardent toutefois à l'esprit que la délinquance juvénile « n'est pas une maladie qui puisse être guérie au moyen d'onguents mitonmitaine (*sic*) mais bien par une discipline forte, ferme et humaine qui, d'un côté, dominerait les instincts rebelles et qui, de l'autre, par un système éducatif, industriel et religieux fournirait à ces jeunes

[124] À Berlin en 1935, il est encore souligné que la détention préventive « n'est pas une simple privation de la liberté. Elle engendre la méfiance, l'irritabilité, la conscience du déshonneur, le sentiment de l'impuissance et parfois de l'injustice. Ces sentiments se transforment aisément en un esprit de révolte et d'hostilité envers la société en général et envers l'autorité judiciaire en particulier », *Actes du congrès pénal et pénitentiaire international de Berlin*, *op. cit.*, t. 1, p. 408.
[125] *Actes du congrès pénitentiaire international de Bruxelles*, *op. cit.*, t. 3, p. 333.

garçons le soutien moral qui leur fait absolument défaut[126] ». Cette discipline et cette éducation sont présentes dans le système américain des *reformatories* (écoles de réforme), très en vogue jusqu'à la première guerre mondiale. Ce modèle d'Elmira, comme il est appelé par référence au pénitencier de cette ville de l'État de New York, « exclut le régime familial pour admettre un régime beaucoup plus proche de celui de la caserne[127] ».

Inspiré des colonies correctionnelles pour les jeunes criminels, ce système réservé aux condamnés non récidivistes de 16 à 30 ans et dont certains, de manière isolée, espèrent l'extension en Europe, pratique grâce à un système de points et de classes la politique de la récompense et de la punition dans le seul but d'améliorer le mineur pour lui faire bénéficier, à terme, d'une libération conditionnelle. L'instruction ou encore l'apprentissage d'un métier sont des priorités, autant que la gymnastique qui pourtant – l'effet est plutôt inattendu – a contribué à ce que « les jeunes reclus – une fois dehors – substituent le vol à l'escalade au vol simple[128] ». Dans ce type d'établissement, le recours aux sentences indéterminées offre aux directeurs des structures le pouvoir de libérer « le pensionnaire dès qu'il est en état d'être relâché[129] ». Mal connu au début du siècle, ce système suscite d'abord le rejet, tout particulièrement chez les congressistes européens qui considèrent qu'on a affaire en réalité non à des structures pour enfants mais à des établissements pour adultes. Le ton change toutefois radicalement lors de la réunion de Washington en 1910. Dans le pays des *« reforms-schools »*, on se laisse séduire par les propos des conférenciers américains, venus exposer leur modèle. Dès lors, le congrès approuve « la sentence à durée

---

[126] *Ibid.*, p. 269, rapport de M. Ruggles-Brise, président des commissaires de prisons et des directeurs de pénitenciers en Angleterre.

[127] *Op.cit.*, p. 154. C'est là l'un des reproches majeurs émis à l'encontre de ces réformatoires, au même titre que leur population « trop élevée », avec près de 2000 détenus à Elmira, « la maison mère ».

[128] *Op.cit.*, p. 153.

[129] *Op.cit.*, p. 252. Dans ce système de sentences indéterminées, la durée d'une condamnation « ne pourra pas dépasser le terme maximum prévu par la loi pour le crime dont le délinquant aura été reconnu coupable ».

indéterminée », laquelle « devrait être appliquée comme partie importante du système éducatif aux criminels, surtout aux jeunes délinquants ayant besoin d'un traitement éducatif (...)[130] ».

Ces réponses, marquées du sceau de la rigueur, ne détournent pas pour autant les participants aux congrès des moyens de parvenir, de manière moins sévère, à la régénération et au « relèvement des jeunes déchus ». Comme l'exprime déjà au début du siècle un inspecteur des écoles de réforme en Irlande, il est important de permettre aux mineurs délinquants de « faire leur chemin dans le monde[131] ». Pour ce faire, de nombreux rapports préconisent une « mise en observation de l'enfant », qu'il soit délinquant, « moralement abandonné ou vicieux », dans l'attente d'une décision du juge, pour mieux « prévenir l'extension ultérieure de la criminalité[132] ». Ce placement, d'une durée maximale de 6 mois, doit s'adresser prioritairement aux plus jeunes – les mineurs de moins de 12 ans en France –, confiés à des établissements structurés en petits pavillons placés sous la direction de pédagogues et de médecins et où il est préconisé « d'éviter la méthode d'isolement ». Appelés « écoles de préservation », « écoles de prévention » et parfois même « asiles », ces lieux pourront être édifiés sur le modèle de l'École Théophile Roussel que l'on trouve en France dans la ville de Montesson et dans laquelle on accueille depuis 1901 des enfants délinquants et indisciplinés de 7 à 16 ans pour leur apporter une instruction primaire et professionnelle. L'idée est aussi d'observer le mineur sur le plan « physiologique » pour déceler chez lui d'éventuels troubles psychologiques. On assiste là à une « médicalisation de la délinquance juvénile », laquelle « s'inscrit dans la ligne de l'anthropologie criminelle, dominée

---

[130] *Actes du congrès pénitentiaire international de Washington, op. cit.*, t. 1, p. 431 *s*. Au lendemain de la première guerre mondiale, les congrès délaissent ce modèle des *reformatories* américains.

[131] *Actes du congrès pénitentiaire international de Bruxelles, op. cit.*, t. 4, p. 333.

[132] *Actes du congrès pénitentiaire international de Budapest, op. cit.*, t. 1, p. 292. C'était là l'une des questions qui était à l'ordre du jour du congrès. Ce dernier retint le principe de l'observation de ces catégories d'enfants, « confiés à l'autorité publique à la demande des parents ou des personnes ayant l'autorité légale sur eux ».

par la crainte de la dégénérescence et le souci d'éviter la contagion[133] ». Les participants aux congrès mentionnent que ces structures dites éducatives – la plupart du temps gérées par le privé – devront être privilégiées lorsque le patronage dans la famille et le placement familial auront montré leurs limites[134].

La quête d'amendement du mineur qui, au fil du temps, est davantage perçu comme une victime plutôt que comme un coupable passe aussi par une réflexion sur la manière de concevoir la justice juvénile. En ce domaine, plusieurs pays s'approprient les recommandations formulées en 1905 à Budapest, réunion où il avait été suggéré « l'étude d'une organisation de magistratures spéciales pour enfants ». À l'époque, les États-Unis, avec leur *juvenile* ou leur *children's courts*, disposaient déjà d'un magistrat ou d'un tribunal particulier examinant la situation des jeunes délinquants et des enfants abandonnés. L'influence de cette nation rejaillit pleinement lors du congrès de Washington de 1910. Le cadre était alors idéal pour débattre de la question suivante : « Les jeunes délinquants doivent-ils être soumis à la procédure appliquée aux adultes ? » La réponse est alors unanimement négative et l'assemblée rappelle la nécessité de s'en remettre à des magistrats spécialisés lesquels « devront être choisis avant tout pour leur aptitude à comprendre les enfants et à

---

[133] M.-S. Dupont-Bouchat, « Le mouvement international en faveur de la protection de l'enfance (1880-1914) », *op. cit.*, p. 222-223. L'auteur ajoute que « les critères de classement des enfants, qui étaient autrefois d'ordre juridique et moral, cèdent désormais la place à de nouveaux critères psychologiques et médicaux. Le médecin tend à supplanter l'aumônier et le juriste ». À l'occasion du congrès de Washington en 1910, on s'interrogera d'ailleurs sur l'opportunité de « créer des établissements spéciaux pour enfants anormaux (arriérés, faibles d'esprit) manifestant des tendances morales dangereuses ». S'appuyant sur le manque de « recherches pratiques », les congressistes opineront à l'idée d'une « enquête » sur la question.

[134] Le placement en famille est très largement soutenu à l'occasion de ces congrès. Pour certains, c'est même le « système idéal » pour « reconduire dans le droit chemin » les enfants délinquants ou moralement abandonnés. Toutefois, on souligne qu'il est très difficile de « trouver des familles » qui acceptent « dans leur sein un jeune délinquant » pour « se charger de la lourde responsabilité de sa régénération morale », *Actes du congrès pénitentiaire international de Bruxelles*, *op. cit.*, t. 5, p. 235.

sympathiser avec eux », les aimer même[135]. Après l'expérience décevante de la diffusion de leurs *reformatories*, les Américains tenaient là une revanche, déjà perceptible dans la démarche adoptée notamment par la France, pays dans lequel, dès 1912, apparaît le tribunal pour enfants.

Les enjeux sur cette question s'affinent au gré des rencontres. Parmi eux, l'audience à huis clos, plus rassurante pour le jeune, au moins autant semble-t-il que le juge unique, comme en Belgique, en lieu et place d'une pluralité de membres. Cette dernière proposition reçoit une très grande partie des suffrages et l'on se plaît à imaginer un juge sans robe qui ne soit pas « simplement un bon juriste » mais aussi un professionnel qui doit s'approprier « les principes généraux de la psychologie, de la psychiatrie, de la pédagogie et être aussi un peu médecin, ce qui lui permettra de comprendre l'état physique et mental du malfaiteur[136] ». D'aucuns rappellent malgré tout « qu'il ne faut pas exagérer et une indulgence justifiée ne doit pas dégénérer en un sentimentalisme sans bornes[137] ». Ces craintes peuvent discréditer l'institution, comme on l'apprend au congrès de Berlin en 1935 où « une sorte d'opposition s'est manifestée contre les tribunaux pour mineurs, phénomène dû à ce qu'une partie des juges de ces tribunaux ne sont pas à la hauteur de leurs fonctions ». On rassure néanmoins en indiquant qu'un tel problème, assimilé à « une crise de confiance », se résoudra immanquablement par une « formation spéciale des juges pour enfants[138] ». L'occasion de rappeler, comme cela avait été fait

---

135 *Actes du congrès pénitentiaire international de Washington, op. cit.*, t. 1, p. 441. La résolution précise encore que ces magistrats « devront être assistés de *probation officers* qui auront pour mission de procéder à un examen préparatoire et d'assister les jeunes délinquants qui seraient placés *on probation* », c'est-à-dire mis à l'épreuve.

136 *Actes du congrès pénal et pénitentiaire international de Prague, août 1930*, Berne, 1931, t. 1, p. 329.

137 *Idem.*

138 *Actes du congrès pénal et pénitentiaire international de Berlin, op. cit.*, t. 1, p. 376.

habilement au congrès de Budapest en 1905, qu'« au lieu de réformer, le juge devrait songer avant tout à former »[139].

Conclusion

À la veille de la seconde guerre mondiale, les membres des congrès pénitentiaires clament que « la prévoyance, bien organisée, peut pour les générations à venir, rendre presque inutiles les tribunaux pour mineurs » et « les sanctions juridiques de moins en moins nécessaires[140] ». Sur les questions pour lesquelles les conférenciers sont invités à débattre, les propos, dans leur majorité, montrent que l'ordonnance du 2 février 1945 est en germe, surtout dans la période de l'entre-deux-guerres.
L'optimisme de la communauté internationale semble parfois excessif mais il est révélateur d'une foi profonde, celle de parvenir à redresser moralement le jeune que l'on ne présente plus à cette époque comme un être vicieux. C'est bien la preuve que les mentalités ont évolué et que ces réunions d'experts, y compris de l'enfance, sont parvenues à rompre avec cette maxime du début du siècle : « S'arrêter sur la pente dangereuse du sentimentalisme outré et revenir, sans tarder, aux sévérités nécessaires[141] ». Partie prenante à ces congrès, les États en perçoivent bien les enjeux et imaginent, de concert, la justice juvénile de demain.

[139] *Actes du congrès pénitentiaire international de Budapest*, *op. cit.*, t. 1, p. 331.
[140] *Actes du congrès pénal et pénitentiaire international de Berlin, op. cit.*, t. 1, p. 381.
[141] Conclusions de M. Pancrazi, directeur de l'école de préservation pour les jeunes filles à Doullens (France), *Actes du congrès pénitentiaire international de Bruxelles*, *op. cit.*, t. 5, p. 235.

Table Ronde 1 : Les acteurs de la chaîne pénale

Animation par Grégoire Meurin, chef de service éducatif et référent « Laïcité et citoyenneté » à la direction territoriale de la PJJ du Nord

J'ai le plaisir d'introduire et d'animer cette première table ronde, qui est consacrée aux acteurs de la chaîne pénale.
Afin d'illustrer au mieux cette thématique relative aux acteurs de la chaîne pénale, les organisateurs de ce colloque ont invité plusieurs personnalités occupant différentes fonctions et différents rôles.
Ils interviendront, tour à tour, afin d'expliquer leurs pratiques professionnelles ainsi que les contextes sociologiques, normatifs ou politiques dans lesquels elles s'inscrivent. À travers ces différents témoignages, il ne s'agira pas de faire l'histoire des professions intervenant auprès des mineurs en conflit avec la loi depuis l'immédiat après-guerre. Nous vous proposons plutôt une illustration vivante des missions propres à chaque acteur de la justice des mineurs d'aujourd'hui. Il s'agit donc de repérer les spécificités actuelles de chaque profession, au regard de ce qu'elles ont pu être par le passé, mais également en restituant, puis en confrontant leur logique singulière au sein de cet ensemble complexe qu'est la justice des mineurs.
Ainsi, en discernant le rôle spécifique de chacun, il est sans doute possible d'esquisser un portrait de la justice des mineurs.
Le terme même de « chaîne pénale », dont l'usage semble se faire jour et s'intensifier au début des années 2000, offre des pistes de réflexion, ce terme pouvant s'entendre de diverses façons.
Symboliquement, cette chaîne renvoie à une volonté de contenir les débordements d'une partie de la jeunesse, de même qu'une chaîne humaine voudrait contenir un individu incapable de se contrôler lui-même. Plus concrètement et plus spécifiquement, l'expression « chaîne pénale » est l'image d'une volonté de renforcer les politiques publiques du traitement de la délinquance en vue d'en accroître l'efficacité ou l'efficience. Il s'agit de faire en sorte que nul ne passe au travers des maillons

de la chaîne et qu'à chaque acte de délinquance commis par un mineur une réponse pénale soit donnée.
Alors, la multiplication des acteurs et des dispositifs, qui est propre au renforcement de cette chaîne pénale, appelle peut-être à une atténuation de la justice protectionnelle et à un renforcement d'un modèle de justice davantage rétributive.
Autrement dit, une prééminence moins forte de la place du juge des enfants et une plus grande attention accordée à la responsabilité du jeune justiciable émergent, mais elles semblent s'accompagner, à certains égards, par un meilleur respect des droits de l'enfant. Cette multiplication des intervenants ne correspond pas nécessairement à une déspécialisation des acteurs concernés : on assiste parfois au contraire à l'apparition de nouvelles figures davantage impliquées dans l'objectif de relèvement éducatif et moral qui constitue le propre de la justice des mineurs.
La question de l'existence d'une déspécialisation mérite d'être posée.

Anne Kiriakides, juge des enfants au tribunal d'Avignon, évoquera les évolutions récentes qui ont eu un impact déterminant sur les pratiques des juges des enfants.
Karima Djemali, substitut du procureur de la République à La Rochelle, présentera le rôle prééminent du parquet en tant que chef de file de la procédure. La question de la temporalité judiciaire, du temps long ou du temps court, et celle de la possibilité d'une action éducative dans ces différentes temporalités seront développées.
Martin Levrel, commissaire divisionnaire à Roubaix, centrera son intervention sur l'évolution des pratiques déviantes et sur la nécessité d'adapter l'intervention de la police à cette évolution des profils, notamment dans le cadre des politiques publiques ancrées dans le territoire dans une perspective partenariale.
Enfin, Véronique Boulay, avocate au barreau de Paris, explicitera le rôle tout à fait spécifique de sa profession dans la procédure pénale propre au mineur : un rôle central et pivot, qui demande aux professionnels de s'adapter aux différents interlocuteurs : juges, éducateurs, jeunes, parents, en gardant

pour objectif de garantir les droits des mineurs dans une optique plus singulière que pour les adultes.

Anne Kiriakides, selon votre expérience, comment a évolué le métier de juge des enfants ?

L'évolution des pratiques professionnelles des juges des enfants est largement dépendante de l'évolution de la société. On peut citer notamment :

- L'afflux massif à la faveur de regroupements familiaux de jeunes d'origine maghrébine ayant subi le déracinement et souvent des ruptures affectives, avec des différences dans les structures familiales et dans les références culturelles ;
- La modification de l'image de l'enfant dans la société, tantôt ange intouchable, tantôt démon ou monstre, traité comme un roi mais auquel on reproche de devenir tyran ;
- Le développement des sciences humaines, l'augmentation ressentie de la souffrance et des problématiques psychiatriques, mais aussi la « psychiatrisation » de certains comportements, et le changement de regard des professionnels qui recherchent souvent des explications ou des solutions médicales à des difficultés affectives et éducatives ;
- Le contexte socio-économique, la difficulté croissante de la socialisation par le travail, la distorsion entre la multiplicité des biens offerts par la société de consommation et la tardiveté de l'accès au travail et aux ressources, le maintien dans le système scolaire de jeunes qui ne s'y adaptent pas et s'y ennuient.

Mais les pratiques ont été aussi largement impactées par l'évolution législative, et la philosophie qui la sous-tend, même si les fondamentaux, tels qu'ils résultent du préambule de l'ordonnance du 2 février 1945, continuent à faire référence, et des principes généraux de la justice pénale des mineurs dégagés par la jurisprudence, demeurent immuables.

Je souhaiterais aborder quatre points qui me paraissent avoir eu un impact déterminant au cours des vingt dernières années.

L'évolution du parquet

À partir des années 90, le parquet s'est vu assigner un rôle croissant dans la politique pénale à l'égard des mineurs. La rapidité et la visibilité de la réponse pénale ont été valorisées au détriment du travail sur le fond et dans la durée.

Le traitement en temps réel a contribué à ce que le parquet agisse sous la pression de l'évènement, dans le souci d'évacuer, et de répondre à une commande publique d'immédiateté et d'exemplarité. Il a amoindri le contrôle sur l'action publique, la qualité de l'enquête et le respect de la procédure ; il a contribué à la déspécialisation des magistrats, le substitut des mineurs n'intervenant pas systématiquement dans le traitement rapide des procédures de mineurs.
Dans nombre de juridictions, les défèrements ont augmenté, et la plupart des tribunaux pour enfants ont dû s'organiser en instaurant une permanence pour les défèrements faisant abstraction des secteurs, et donc faisant intervenir un juge de permanence plutôt que le juge suivant habituellement le mineur, rompant ainsi la continuité personnelle.

Dans le même temps, on a assisté au développement de la « 3e voie », c'est-à-dire aux mesures dites alternatives aux poursuites. Environ un tiers des mineurs délinquants sont actuellement reçus par le délégué du procureur et ne passent pas devant le juge des enfants. Celui-ci devient donc le juge de la réitération, puisque la plupart des mineurs n'arrivent devant lui qu'après une précédente intervention judiciaire de type rappel à la loi. Il y a dès lors plus de difficultés à donner du sens à l'admonestation, les renvois devant le tribunal pour enfants sont beaucoup plus fréquents, et l'intervention du juge est donc plus centrée sur la sanction.

Le juge des libertés et de la détention (JLD)

Depuis l'instauration du J.L.D., magistrat non spécialisé, la décision la plus grave et la plus violente, celle de la mise en détention provisoire du mineur, échappe la plupart du temps au juge des enfants.
Les mesures éducatives éventuellement prononcées par le J.L.D. sont des alternatives à la détention, il n'en a pas le suivi ; il en résulte une perte de sens, notamment en ce qui concerne le placement, qui n'est plus forcément intégré avec cohérence dans le parcours du jeune.
L'instauration du J.L.D. a également introduit une évolution dans la conception de son rôle par le juge d'instruction. Certains juges d'instruction se considèrent comme les juges chargés d'instruire le dossier, mais pas de gérer la situation des personnes mises en examen. C'est parfois aussi vrai des juges d'instruction des mineurs (dont la spécialisation n'est souvent que très théorique, puisqu'il n'est pas rare que tous les juges d'instruction soient désignés comme juges d'instruction des mineurs (J.I.M.) pour les commodités de la permanence, et que tous ne sont pas motivés par cette fonction).
Paradoxalement, certains mineurs mis en examen pour des faits graves, parfois criminels, n'ont pas de juge qui suive véritablement leur situation : le J.L.D. place ou incarcère, le J.I.M. instruit, le J.E. n'est pas encore saisi dans le dossier concerné.

L'éducation, la sanction et la P.J.J.

La loi d'orientation et de programmation pour la justice du 9 septembre 2002, dite loi Perben, a considérablement brouillé le dispositif mesure éducative/sanction, en créant la « sanction éducative », et l'article 15-1 de l'ordonnance du 2 février 1945 regroupe en vrac des mesures éducatives, telles que la réparation et des mesures de sûreté, comme l'interdiction de paraître. Elle a fait du placement la sanction de l'inobservation d'une sanction éducative. Elle en a fait aussi une obligation du contrôle judiciaire et de la mise à l'épreuve.

La même loi a créé les centres éducatifs fermés, où on ne rentre que sous obligation judiciaire et sous la menace d'une incarcération, et dont on ne sort une fois sur deux que vers la prison.

Ces nouvelles mesures hybrides, dont l'introduction a été suivie de peu par le recentrage/décentrage de la P.J.J. sur le pénal, son dégagement de la prise en charge des pré-délinquants en assistance éducative et des jeunes majeurs en grande difficulté ou en voie d'apaisement, ont considérablement modifié le contenu de l'action éducative, et l'idée même que les éducateurs de la P.J.J se font de leur rôle.

Le juge des enfants - juge de l'application des peines

La loi du 9 mars 2004 (dite loi Perben II) a octroyé au juge des enfants les pouvoirs du juge de l'application des peines pour les mineurs. C'est un retour à la spécialisation, qui permet au juge des enfants d'utiliser la sanction comme un levier éducatif et d'ordonner des aménagements en cohérence avec le parcours et l'évolution du mineur.
Ces nouvelles fonctions légitiment la présence du juge des enfants dans les quartiers mineurs ou les établissements pénitentiaires pour mineurs. Elles rendent indispensable la communication entre collègues, et favorisent les contacts entre juges des enfants attachés à des ressorts limitrophes.

La justice des mineurs a été menacée ces dernières années par la politique sécuritaire, et déstabilisée par des tentatives d'alignement sur la justice des majeurs (instauration de procédures rapides, création du tribunal correctionnel pour mineurs (aujourd'hui abrogé), remise en cause de l'excuse de minorité). Mais les juges des enfants sont résilients, et il existe, dans le corps, un consensus pour tenter au mieux de préserver les grands principes et les valeurs de l'ordonnance du 2 février 1945. C'est ainsi que les peines planchers ont été souvent écartées, que les tribunaux correctionnels pour mineurs peuvent être composés majoritairement de juges des enfants, que les tribunaux pour enfants se sont organisés pour répondre à l'exigence d'impartialité sans sacrifier la continuité éducative.

C'est le rôle et l'honneur des juges de dire et d'adapter le droit. Mais cela ne doit pas entraîner une rupture de la cohérence nationale, et c'est pourquoi une réforme est espérée.

Karima Djemali est substitut des mineurs. Considérez-vous que vous participez à un processus de spécialisation ou de déspécialisation de la justice des mineurs ?

La spécialisation des magistrats du parquet

La création du parquet des mineurs

L'article 1 de l'ordonnance du 2 février 1945 dispose que « *les mineurs auxquels est imputée une infraction qualifiée de crime ou délit ne seront pas déférés aux juridictions pénales de droit commun et ne seront justiciables que des tribunaux pour enfants, des tribunaux correctionnels pour mineurs ou des cours d'assises des mineurs* ».
Cet article explique la spécialisation des intervenants, soit le juge des enfants, les assesseurs du tribunal pour enfants, le juge d'instruction chargé spécialement des mineurs et la chambre spéciale des mineurs, ainsi que les délégués du procureur désignés spécifiquement pour les mineurs et chargés de la mise en place des alternatives aux poursuites (les mesures de réparation pénale, les rappels à la loi...).
Le parquet n'échappe pas à cette spécialisation puisque le décret n°2008-522 du 2 juin 2008 a créé un article R212-13 dans le Code de l'organisation judiciaire prévoyant qu'« *au sein de chaque TGI dans le ressort duquel un tribunal pour enfants a son siège, le procureur général désigne un ou plusieurs magistrats du parquet chargés spécialement des affaires concernant les mineurs* ». Le magistrat du parquet chargé des mineurs apporte une cohérence dans le traitement des dossiers relatifs aux mineurs auteurs et victimes ; en effet, il est compétent pour l'ensemble des procédures civiles et pénales concernant les mineurs et assure la communication avec les

différents intervenants, juge des enfants et les partenaires institutionnels (conseil départemental notamment, etc.).
Cette spécialisation est à lier avec le système du traitement en temps réel qui organise une permanence téléphonique générale depuis 1992.
Une permanence téléphonique des mineurs existe surtout dans les parquets permettant cette spécialisation. Par conséquent, à défaut d'une telle permanence spécialisée, l'ensemble des magistrats du parquet connaissent le contentieux des mineurs, à charge pour eux d'appliquer une politique pénale clairement définie.

La coopération nécessaire avec le juge des enfants

La cohérence de la réponse pénale dépend également de l'échange des informations avec le juge des enfants ; particulièrement pour les mineurs déjà suivis en assistance éducative et qui ont fait l'objet de plusieurs condamnations par le juge des enfants ou le tribunal pour enfants. Le passage à l'acte lors de nouveaux faits soulève des questions quant aux réponses pénales à apporter au mineur.
S'agissant des mineurs, les réponses doivent être adaptées à leur personnalité ; d'ailleurs la loi du 10 août 2011 sur la participation des citoyens au fonctionnement de la justice pénale et le jugement des mineurs a créé le dossier unique de personnalité qui centralise les pièces relatives à la personnalité du mineur et à son environnement social et familial issues des procédures pénales et civiles le concernant.

Ce dossier unique de personnalité, accessible au parquet, n'est pas ouvert pour l'ensemble des mineurs ; en effet, il est créé dès lors qu'une mesure d'investigation est ordonnée ou bien lorsque le mineur fait l'objet d'une liberté surveillée préjudicielle, d'un contrôle judiciaire, d'une détention provisoire ou d'une assignation à résidence.
La personnalité du mineur comprend l'environnement social, familial, notamment lorsqu'une assistance éducative a été décidée par le juge des enfants.

Dans les cas où le dossier unique de personnalité n'existe pas, la personnalité du mineur est appréciée au travers du casier judiciaire mais également grâce à l'établissement du recueil de renseignements socio-éducatifs (RRSE) par la Protection judiciaire de la jeunesse (PJJ) qui est annexé systématiquement à toute procédure relative à un mineur (article 12 de l'ordonnance de 1945).
Ce RRSE contient des renseignements sur la situation familiale, scolaire, professionnelle. Par conséquent, l'entretien impliquant les parents et le mineur est très important. Outre la sanction pénale et le RRSE, le juge des enfants ou le parquet des mineurs peut solliciter des investigations plus approfondies afin d'apporter des réponses éducatives. D'ailleurs, les services éducatifs peuvent proposer les mesures éducatives les plus adaptées.
La réforme de l'ordonnance du 2 février 1945 tend ainsi à parvenir à des réponses efficaces, rapides et adaptées aux diverses situations du mineur.
La rapidité de la réponse est une question liée au temps qui représente ainsi une donnée importante de la prise en charge pénale des mineurs.

La temporalité des mineurs

L'adaptation de la réponse pénale à la personnalité du mineur

La rapidité de la réponse pénale signifie une réponse efficace et adaptée en tenant compte de la personnalité du mineur. La rapidité s'explique surtout par le fait que les mineurs sont souvent impliqués dans des infractions qui se répètent.
Pour les primo-délinquants, la réponse doit être rapide car il s'agit d'éviter la récidive ; cela peut consister en des alternatives aux poursuites devant le délégué du procureur (mesure de réparation, orientation sanitaire et sociale, rappel à la loi...).
Pour d'autres mineurs, il s'agit au contraire de prendre le temps nécessaire afin de pouvoir apprécier leur évolution.
Ainsi, la loi de 2011 a introduit le principe de la césure du procès pénal puisque l'audience de jugement a lieu au plus tard

dans un délai de six mois après une première convocation devant le juge des enfants.
Cette césure permet d'adapter la réponse pénale à la personnalité du mineur ; en effet, le juge des enfants a le temps de recueillir des renseignements sur la personnalité du mineur afin d'envisager une réponse pénale plus adaptée. Cette procédure permet un jugement plus rapide sur la culpabilité tout en préservant l'action civile.

Par ailleurs, la prise en charge du mineur peut consister à lui imposer des mesures ou sanctions éducatives préjudicielles comme la mesure de liberté surveillée, laquelle mesure consiste à faire réfléchir le mineur sur les actes commis dans le cadre d'un suivi par un éducateur relevant de la PJJ. Outre ces objectifs, la liberté surveillée est envisagée comme un frein à la réitération des faits permettant au mineur d'évoluer favorablement.
Cependant, il peut arriver que le mineur aggrave la situation en n'exécutant pas la mesure de liberté surveillée.
La question du temps est au centre des préoccupations de la prise en charge des mineurs car le temps de la procédure implique également de donner un sens à la peine.

Le temps et le sens de la peine

La difficulté dans certaines procédures réside dans la comparution du mineur devant le tribunal une à plusieurs années après les faits.
Parfois, le mis en cause, mineur au moment des faits, comparaît devant le tribunal pour enfants alors qu'il est majeur.
Quel sens donner à la sanction pénale ?
Le parquet des mineurs et le tribunal pour enfants tiennent nécessairement compte de l'écart de temps entre les faits et l'âge de l'intéressé. En effet, un mineur évolue nécessairement jusqu'à sa majorité.
Finalement, le temps est aussi une composante essentielle de la personnalité des mineurs ; étant rappelé dans l'article 122-8 du Code pénal que seuls les mineurs capables de discernement sont pénalement responsables. Les peines ne concernent que les

mineurs âgés de 13 à 18 ans ; il ne peut être prononcé que des sanctions éducatives à l'encontre des mineurs âgés de moins de 13 ans.

Martin Levrel est commissaire divisionnaire à Roubaix. L'évolution des profils déviants introduit l'idée de la nécessité d'une réponse rapide et concertée. Que pouvez-vous nous dire sur l'évolution de ces profils ?

Je suis fonctionnaire de police, je n'ai donc pas la liberté de parole d'un certain nombre de magistrats. Mon propos s'appuie sur ma pratique policière, échangée avec celle de mes collègues sachant que je suis revenu après plusieurs années sur le territoire où j'ai exercé en tant qu'inspecteur de police, à Roubaix. J'ai pu ainsi assister à l'évolution des profils de nos délinquants mineurs.
Au préalable, il existait les brigades des mineurs dont le nom a survécu et qui sont désormais intégrées dans les actuelles brigades locales de protection de la famille (BLPF) qui sont des entités compétentes pour les mineurs victimes. Les textes ont rajouté des compétences concernant les violences intrafamiliales qui englobent le domaine des violences conjugales.
Cela signifie, en termes de spécialisation ou de déspécialisation, que le délinquant mineur sera traité par des enquêteurs qui sont également compétents en matière de délinquance des majeurs.
Concernant le profil de nos délinquants, je peux constater une différence depuis une vingtaine d'années. Auparavant, le mineur entrait en délinquance par des formes de parcours initiatiques.
Je donne une illustration très simple : il y a quelques années, un jeune mineur, entrant en délinquance, commençait généralement par des faits de dégradation, tels que des vols à la roulotte, dégrader des voitures pour y dérober un autoradio et il progressait en commettant éventuellement des cambriolages. Aujourd'hui, pour un nombre significatif de ces délinquants, ces parcours ont complètement disparu.
Pour couper court à des idées parfois préconçues, je pense qu'il n'y a pas une explosion de la délinquance des mineurs, c'est

relativement constant. Là encore, ce sont des questions liées au territoire, mais si on se réfère à la démographie, cela semble s'expliquer naturellement. Ma compétence géographique s'étend sur un bassin de 9 communes, pour plus de 225 000 habitants. On relève une démographie très jeune, notamment sur la commune de Roubaix qui compte 100 000 habitants. Il est certain que les mineurs ont une représentation dans les faits de délinquance constatés qui est proportionnelle au nombre de mineurs vivant dans la ville.
Revenons aux profils de ces mineurs délinquants. Les services de police constatent la commission d'actions très significatives pour des mineurs âgés de 15 à 16 ans. De jeunes mineurs s'inscrivent directement sur des faits de délinquance graves : vols sous la menace d'arme, vols à main armée au préjudice des commerces ou des particuliers.
Ceci est d'autant plus frappant qu'ils sont inconnus de notre documentation, c'est-à-dire qu'ils n'ont jamais été mis en cause dans des procédures policières, ni été condamnés par la justice, ils n'ont pas de casier judiciaire. Ce phénomène est aujourd'hui relativement récurrent et, en tant que policiers, il peut aussi nous décontenancer.
L'ensemble des professionnels de justice, magistrats, procureurs ont assisté à ce glissement vers une aggravation des actes commis par des mineurs primo-délinquants.

Concernant la pratique policière, nos interlocuteurs au tribunal changent souvent, surtout dans un tribunal aussi important que celui de Lille. Alors, nous leur rappelons que nous avons interpellé tel jeune quelques mois plus tôt.
Face à ces formes de délinquance assez radicales, je pense qu'il y a une perte de certains vecteurs structurants. Nous sommes devenus, en qualité de policiers, des enquêteurs perplexes par rapport à ces jeunes qui font n'importe quoi et vont n'importe où.
Peut-être, faut-il également remettre cette évolution dans le contexte actuel de l'accès à l'information, dans sa dimension de globalité. La diffusion de reportages à la télévision sur le travail de la police judiciaire joue aussi un rôle : les mineurs en sont friands.

Parallèlement, l'explosion d'internet offre potentiellement aux mineurs un certain nombre de données qui ont trait à la pratique délinquante. L'accès à ces informations s'articule avec les effets liés au phénomène de mimétisme chez ces jeunes. Dans certains quartiers difficiles de Roubaix, certains jeunes disent vouloir former une bande comme il en existe au Mexique ou en Amérique latine plus largement : ils s'auto-alimentent autour de leurs fantasmes de criminalité organisée.
L'interaction soudaine entre le monde dans lequel vit le jeune et celui de la police représentant l'autorité et la loi peut être délicate.

Parfois, nous sommes assez désarmés parce que nous avons des difficultés à avoir quelque prise sur ces jeunes, ne serait-ce que pour les recadrer dans ce que nous sommes, et ce que nous représentons, c'est-à-dire une intervention à un moment de leur vie liée à un manquement à la règle pénale.
Nous ne sommes pas des juges, nous sommes là simplement pour les informer qu'une enquête est ouverte. Souvent, lorsque nous entrons en contact avec ces jeunes, c'est parce qu'on dispose d'indices suffisamment graves et concordants pour les confondre.
Sur la question de l'évolution des normes, celle-ci n'a pas eu beaucoup d'effets sur notre travail.
J'appartiens à une génération de policiers qui a connu les procès-verbaux de garde à vue et de fin de garde qui tenaient sur un seul feuillet.
Aujourd'hui, les mentions figurant sur ces feuillets se sont considérablement multipliées, j'ai connu les premiers avocats qui arrivent pour l'entretien, à l'époque, il s'agissait d'un seul entretien de trente minutes avec le gardé à vue. Désormais, ces avocats peuvent assister aux auditions ou aux confrontations s'agissant de ces mineurs.
Chez nous, c'est intégré. Nous savons travailler dans ce nouveau cadre.

Je souhaite revenir sur la question de l'appartenance aux groupes, en particulier sur l'identification au groupe.

Je pense que l'identification à un groupe est très importante chez ces jeunes, et j'en veux pour preuve une situation que nous avons constatée, alors qu'elle n'est pas de notre fait. Dans le cadre des différents programmes de l'Agence nationale de rénovation urbaine, de grands ensembles immobiliers ont été détruits avec la nécessité d'avoir à reloger des familles. Parmi ces familles, nombreuses sont celles qui connaissent de gros problèmes avec leurs enfants. Ces derniers sont engagés dans des processus de délinquance bien ancrés. On a pu ainsi remarquer, chez ces jeunes et leurs familles « délocalisés » dans une autre ville, une quasi-disparition des signalements de faits de délinquance juvénile.
Par contre, lorsque ces familles sont relogées dans un quartier proche de celui qu'elles ont quitté, le niveau de marginalisation et de délinquance chez les jeunes reste le même.
Ce constat dénote bien l'influence du groupe comme un facteur important. Il est même plus fort que par le passé. J'en suis même certain.

Au-delà de l'objectif de maintien de l'ordre public, on voit que vous avez accès à des informations pertinentes sur la sociologie, voire la psychologie de ces mineurs. Dans quel cadre pouvez-vous faire profiter de ces informations aux magistrats, aux travailleurs sociaux et participer finalement à la connaissance de la personnalité du mineur ?

Martin Levrel
Au niveau de la police nationale, nous sommes engagés dans un certain nombre de partenariats, je vais centrer mon propos sur des partenariats très locaux, mais qui sont particulièrement pertinents.
Le premier d'entre eux repose sur le conseil local de sécurité et de prévention de la délinquance (CLSPD) qui se traduit quotidiennement par la mise en place de réseaux et de cellules de veille.
Sur une importante commune comme Roubaix, des cellules de veille se réunissent, *a minima* une fois par mois, voire tous les quinze jours. Ces groupes sont composés de différents partenaires : un représentant de la mairie, généralement un

représentant du parquet (ou le procureur lui-même), un chargé de mission, l'Éducation nationale, des bailleurs sociaux, voire une société de transport en commun.
À Roubaix, ce conseil travaille à l'échelle d'un quartier et aborde différents sujets, en particulier les mineurs délinquants, ou les mineurs à risques. Cette instance forme une occasion de pouvoir échanger sur des problèmes constatés sur le terrain pour lesquels chacun apporte son éclairage. Une condition est indispensable pour que cet échange soit possible : consacrer la notion du secret partagé. Mais, selon les milieux professionnels, cette notion ne va pas de soi.

Au sein du CLSPD, il y a des déclinaisons un peu différentes. Je vais évoquer la procédure du rappel à l'ordre, qui est autorisée par le procureur de la République vis-à-vis du maire. Sur la commune de Roubaix, la mairie a souhaité que le commissaire de police (ou son adjoint) participe à cette procédure de rappel à l'ordre.
Le mineur et son civilement responsable reçoivent alors une convocation. Il y a un certain nombre de conditions à remplir pour que cette procédure soit mise en place, notamment le mineur ne doit pas avoir été déjà condamné.
La procédure de rappel à l'ordre consiste simplement à signifier au mineur qu'il manque à ses obligations. La police est vigilante pour vulgariser le propos parce que la justice s'appuie sur des notions techniques. Avec un vocabulaire simple, compris par le mineur, nous l'interpellons sur le risque d'un placement en garde à vue en soulignant tout l'inconfort matériel et psychologique que revêt cette mesure (et les suites pénales conséquentes).

Par ailleurs, il convient de souligner le rôle du groupement local de traitement de la délinquance, qui est à l'initiative d'un parquet et qui est aussi une instance partenariale.
Nous disposons d'un référent scolaire qui intervient essentiellement dans le domaine des écoles, à la demande des chefs d'établissement.
C'est une démarche novatrice car, traditionnellement, la police n'était pas sollicitée pour entrer dans les zones de l'Éducation

nationale. Aujourd'hui, à Roubaix, nous assurons 700 interventions par an sur les collèges et les lycées. Ce travail produit de très bons résultats en matière de prévention et de sensibilisation des jeunes.

Nous retournons maintenant dans les prétoires et les salles d'audience pour laisser la parole à Véronique Boulay, avocate spécialisée dans la défense des mineurs.

Je suis avocate au barreau de Paris. En écoutant Mme Djemali, substitut au parquet des mineurs, j'aimerais presque être inscrite au barreau de La Rochelle, parce que j'apprends qu'il n'y a ni tribunal correctionnel pour mineurs ni cour d'assises des mineurs.

Si on regarde l'histoire et le rôle de l'avocat, on s'aperçoit que l'ordonnance du 2 février 1945, qui a 70 ans aujourd'hui, ne faisait intervenir l'avocat qu'au moment du jugement du mineur, que ce soit devant le tribunal pour enfants ou devant la cour d'assises des mineurs.
Au cours de la phase d'information préalable, y compris lorsque des mesures coercitives étaient envisagées à l'encontre du mineur, l'avocat était exclu. Il est heureux qu'en 1993, le législateur ait prévu l'intervention de l'avocat à tous les stades de la procédure, parce que finalement, toutes les lois postérieures à cette année, en tout cas, au cours des dix dernières années pour ce qui nous occupe, ont eu tendance, à mon sens, à rapprocher la justice des mineurs de celle des majeurs.
On se rend compte qu'entre les différentes juridictions, des divergences et des différences de traitement des mineurs existent. Mais, quinze ans auparavant, je constatais dans ma pratique, que les juges des enfants se considéraient d'abord comme juges de l'assistance éducative et que le traitement du pénal n'était qu'un accessoire pour le juge des enfants qui privilégiait la réponse éducative à la réponse répressive.
J'ai participé à cette justice, plus orientée sur la personnalité du mineur et son accompagnement que sur la question juridique de l'infraction pénale. Les choses ont bien changé, du fait de

l'évolution des lois, du fait de l'évolution du traitement pénal par le parquet des situations de délinquance, mais aussi parce qu'il y a, en tout cas à Paris, une nouvelle génération de juges qui s'estiment tout autant juges de l'assistance éducative que du pénal et de la répression de la délinquance.
La justice pénale des mineurs se rapprochant de celle des majeurs, la pratique de l'avocat s'en rapproche également ce qui, sur certains aspects, est dommageable.
Bien évidemment, je ne vais pas me prêter à un listing de notre rôle, il y a des choses qui, quelle que soit l'évolution de la législation, ne changent pas, que ce soit l'analyse du dossier, son étude, la vérification de la régularité de la procédure et la recherche d'éventuelles nullités, la recherche de la meilleure stratégie de défense. Si le travail en amont reste le même, l'avocat des mineurs a ou devrait continuer à avoir une place spécifique. Je vais m'expliquer sur l'emploi de la formule « *devrait continuer à avoir* ». L'approche que les avocats ont de ces situations de délinquance juvénile est importante et ils ont un rôle à jouer d'abord vis-à-vis du mineur lui-même.

Le mineur est souvent un être en souffrance, mais surtout le mineur n'est pas un adulte, c'est un jeune en construction, en devenir, et nous devons, en tant qu'avocat, mais je pourrais élargir mon propos, toujours avoir avec lui un langage adapté pour lui expliquer la procédure. Il y a bien évidemment des jeunes multirécidivistes qui prétendent tout connaître sur tout mais il y a aussi le délinquant qui a besoin qu'on lui explique comment fonctionne la justice : quel est le rôle du juge, celui du parquet, celui de l'avocat qu'il ne maîtrise pas forcément et pour lequel il n'a d'ailleurs pas toujours une grande considération.
Je rappellerais que nous sommes généralement avocats commis d'office, il y a assez peu d'avocats désignés en ce qui concerne les mineurs.
L'avocat a également à mon sens un rôle pédagogique, non qu'il souhaite prendre la place de l'éducateur mais les propos qu'un avocat peut tenir seront nécessairement différents que ceux tenus à travers le seul prisme de l'éducatif : Que prévoit la loi ? Que peut-il lui arriver ? Quelles seront les conséquences de

ses actes ? Quelles actions doit-il mettre en œuvre pour que, le moment venu, le juge ait le sentiment qu'il a compris l'interdit et son sens ?
Le mineur n'a pas forcément peur des conséquences pénales qui s'attachent à ses actes dont il pense – parfois à tort – qu'elles ne vont pas être redoutables. En revanche, lorsque vous commencez à lui exposer les conséquences civiles, sa réaction est bien différente.

Enfin, l'avocat doit préparer l'audience avec le mineur, échanger sur son positionnement par rapport au dossier mais aussi sur sa présentation en tant que personne. La relation de confiance entre un mineur et son avocat est indispensable, il ne s'agit pas d'une relation de copinage, ni de banalisation ou d'excuse des actes commis.
Par ailleurs, l'avocat a, selon moi, également un rôle à jouer vis-à-vis des parents. Je retiens le rôle fondamental de l'école mais les avocats et les éducateurs ont toute leur place auprès des parents qui sont détenteurs de l'autorité parentale.
Je me retrouve souvent face à deux catégories de parents. Il y a le parent qui vient vous expliquer qu'il est totalement dépassé par son enfant, qu'il ne sait pas quoi faire, qu'il ne sait pas quelle réponse apporter. Il y a aussi le parent qui vous explique que son enfant, même s'il a été pris « la main dans le sac », n'a rien à voir avec les faits, qu'il est innocent, victime d'un système judiciaire qui dysfonctionne, de la police qui lui en veut, et le procureur… n'en parlons pas !
Il serait souhaitable que l'avocat puisse avoir ce temps d'explication auprès des parents, pour qu'ils débutent un travail de réflexion sur leur vision de l'éducation donnée à leur enfant, sur les limites, sur le cadre, et aussi pour apporter une information sur les mesures d'assistance éducative possibles en positionnant le juge des enfants également dans son rôle de protection du mineur en danger.

L'avocat a aussi un rôle vis-à-vis des magistrats, parce qu'il doit être, selon moi, un interlocuteur au même titre que le parquet. Il doit pouvoir discuter avec lui des réponses qui semblent les meilleures en termes de sécurité, de santé, de

moralité et d'évolution du jeune qu'on a à connaître. Dans ma pratique, je constate que les relations entre les magistrats et les avocats sont plutôt bonnes parce que nous nous côtoyons régulièrement.
Il existe des juges qui ont une défiance naturelle envers les avocats, pensant que ces derniers sont dans la rupture, mais je crois que, d'une manière générale, la communication est possible. Cela étant, j'observe que le rôle du juge des enfants apparaît moindre que celui du parquet. Enfin, il convient de souligner que l'avocat devrait aussi avoir un contact privilégié avec les éducateurs du jeune, permettant un travail différent mais complémentaire auprès de celui-ci.

J'ai évoqué la posture que l'avocat devrait toujours adopter et si j'ai volontairement employé le conditionnel, c'est en raison de situations devenues nombreuses dans lesquelles il devient difficile de la mettre en œuvre.
Pourquoi ? Parce que l'évolution des textes amène à ce que nous sommes confrontés aujourd'hui à un traitement des affaires en temps réel alors que, pour les mineurs, il est important de prendre son temps.
Nombreux sont les défèrements concernant des mineurs qui ont commis un acte de délinquance et qui sont connus. À Paris, le défèrement est devenu systématique pour les mineurs étrangers non accompagnés en provenance des pays de l'Est et, plus récemment, du Maghreb parce que les autorités souhaitent « les garder sous la main » pour le jugement. Les convocations à bref délai se multiplient : « Vous avez la convocation, vous venez, tant mieux pour vous, vous ne venez pas, vous apprendrez qu'il aurait mieux fallu venir ! »
Dans ces hypothèses de défèrement, l'avocat ne dispose que de quelques minutes pour voir le dossier et s'entretenir avec le mineur. Il n'y a de temps ni pour l'échange réel ni pour la réflexion.
Pendant plusieurs mois, une pratique pénale du parquet parisien a été relayée par les juges des enfants, les mineurs qui refusaient de donner leurs empreintes étaient déférés et le juge des libertés et de la détention saisi prononçait, le plus souvent, un placement en détention provisoire. Comment est-il possible

que l'avocat travaille efficacement dans ces conditions ? Aller voir le mineur en prison, avec le barrage de la langue, le temps d'obtenir un interprète, de faire le point avec lui, le tout avant qu'il ne soit jugé…
J'ignore l'objectif assigné à cette politique pénale qui vient très récemment d'être suspendue par le parquet de Paris et par les juges des enfants, mais je ne saurais donner d'autre réponse que celle d'avoir voulu écarter temporairement ces mineurs, qui parfois volent les touristes et ternissent l'image que l'on veut donner à la capitale.

En complément de ce facteur temporel, il existe aussi pour l'avocat des contingences pratiques.
Concernant la défense des enfants qui ont reçu une convocation par officier de police judiciaire aux fins de mise en examen, les dossiers nous parviennent souvent tardivement, ce qui compromet la rencontre du mineur et de sa famille avant l'audience. Il est alors, éminemment impossible de préparer une défense spécifique pour les mineurs. Cette situation d'urgence est comparable à celle de la comparution immédiate ou du déferement après garde à vue, cas dans lesquels nous disposons de cinq minutes d'échanges consistant à dire : « Voilà comment cela va se passer, tiens-toi bien, sois tranquille, et surtout sois respectueux de ton juge ». C'est une véritable difficulté. Bien trop souvent, l'avocat se retrouve à défendre un mineur qu'il ne connaît pas. Comment le jeune peut-il alors lui accorder du crédit ?
À cela s'ajoute une politique parisienne selon laquelle un avocat n'est désigné pour un jeune multirécidiviste qu'à partir de trois dossiers. En deçà, c'est l'avocat de permanence qui se chargera du mineur qu'il ne connaît pas.
Peut-être existe-t-il une piste à explorer à ce niveau : lorsqu'il y a un dossier d'assistance éducative (ce qui est fréquent pour les mineurs délinquants), on pourrait envisager que l'avocat de l'assistance éducative soit l'avocat au pénal ce qui lui donnerait une connaissance plus globale de la situation du jeune. Ceci serait d'autant plus souhaitable car nous savons que le juge qui renvoie devant le tribunal pour enfants n'est plus, en principe, celui qui juge. Par ailleurs, si cette difficulté devait, en pratique,

être palliée par le dossier unique de personnalité, encore faudrait-il qu'il existe !
Pour faciliter l'individualisation de la peine, une pratique fréquente consiste à ce que le juge qui a instruit le dossier ne soit pas celui qui signe l'ordonnance de renvoi, afin de lui permettre de siéger au sein la juridiction de jugement du mineur.

Enfin, un facteur culturel peut être identifié au sujet de la relation entre l'avocat et l'éducateur. Je m'aperçois que, bien souvent, le seul moment d'échange entre l'avocat et l'éducateur intervient avant l'audience. Moment pendant lequel l'avocat est très avide d'informations sur la personnalité du mineur pour étayer sa plaidoirie. Mais, cela reste insuffisant à mon sens.
Une convention entre le Conseil national des barreaux et la Protection judiciaire de la jeunesse a été signée le 8 juillet 2011, de laquelle il ressort une volonté commune de développer la mise en œuvre de la défense personnalisée des mineurs délinquants par des actions conjointes du ministère de la Justice et du Conseil national des barreaux.
Je considère qu'il faudrait multiplier les temps d'échanges parce qu'il me semble que, parfois, nous ne nous connaissons pas et que nous ne connaissons pas nos rôles respectifs. J'en veux pour preuve le positionnement de l'avocat en matière de défense des mineurs. J'ai parfois eu le sentiment en sortant d'une audience au tribunal pour enfants ou au tribunal correctionnel des mineurs, que les éducateurs me regardaient avec suspicion, en imaginant que le travail que j'avais effectué allait à l'encontre du travail éducatif.
En tant qu'avocat spécialisé en droit des mineurs, quel est mon rôle ? Dois-je faire primer la règle de droit ou le travail éducatif ? Ces questions sont naturellement absentes en ce qui concerne la défense d'un majeur, mais elles surgissent à travers des cas concrets intéressants les mineurs :
Lorsque je suis face à une nullité dans la procédure, dois-je la soulever ou pas ?
Dans les dossiers pour lesquels les faits sont établis mais l'infraction n'est pas constituée d'un point de vue juridique, que dois-je faire? Plaider la relaxe ?

Dans les situations où je pense que si l'enfant continue à nier les faits, il pourra être relaxé, dois-je lui demander de continuer à mentir ? Autant de questions qui se posent à l'avocat et pour lesquelles il n'a pas de réponse unique. Il y a une pluralité d'avocats et donc une pluralité de réponses.
Certains avocats plaident d'abord la personnalité du mineur et laissent, finalement, le droit au juge. La défense s'appuie ici sur la volonté de réduire la peine.
Certains avocats soulèvent systématiquement les nullités. Et, d'autres pèsent le poids pédagogique de leurs « stratégies » s'ils estiment que c'est dans l'intérêt du mineur : Est-ce que l'enfant ne va pas ressortir avec un sentiment d'impunité ?...

Dans un système où la justice des mineurs est parfois plus répressive que celle des majeurs, comme l'illustre l'exécution provisoire des peines fermes quel que soit leur *quantum*, on explique aux jeunes qu'ils ont enfreint la loi alors que nous, auxiliaires de justice, nous affranchissons parfois des règles. Et, pour s'affranchir des règles, on s'abrite derrière l'intérêt de l'enfant.
Si l'avocat se pose toutes ces interrogations, c'est bien qu'il existe une réelle difficulté de positionnement du travail éducatif et de celui de l'avocat.
Je crois qu'à cet égard, il serait utile à un moment d'échanger, de ne pas reprocher à l'avocat d'avoir obtenu une nullité de procédure au profit d'un jeune qui ressort du tribunal la tête haute ou de ne pas lui reprocher d'avoir obtenu une relaxe parce qu'il y a eu un travail éducatif sur les faits avec le mineur avant le jugement.
Mes propos, s'ils peuvent surprendre, correspondent à ce que je ressens.
À Paris, les avocats sont sectorisés sur certains juges, et donc, à ce titre, ils rencontrent régulièrement les mêmes éducateurs. Il pourrait alors être intéressant de confronter réalité pénale et propositions éducatives. Il conviendrait de travailler avec le jeune sur ce qui peut arriver à l'audience, parce qu'effectivement s'il y a un vice de procédure, le tribunal ne le condamnera peut-être pas. Mais ce n'est pas parce qu'il n'y a

pas condamnation qu'il ne doit pas y avoir, en amont, une réflexion pédagogique sur les faits qui ont pu être posés.
Pour moi, c'est un des enjeux majeurs, et ce partenariat permettrait à l'éducateur d'assurer son rôle éducatif tout en travaillant avec le jeune au plus près des enjeux pénaux et à l'avocat d'accomplir pleinement le rôle de défenseur du jeune et du droit, qui est le sien.

Au-delà d'une harmonisation de nos pratiques, le rapprochement de l'avocat et de l'éducateur permettrait de confronter nos attentes respectives et de définir la manière d'envisager le travail ensemble dans l'intérêt du mineur et dans le cadre des contingences qui sont les nôtres.
En tant qu'avocat, je travaille avec un temps contraint, en gardant à l'esprit l'application de la règle de droit et de ne jamais s'en affranchir, quoi qu'il en coûte.
Mais si nous ne nous affranchissons pas en tant qu'avocats, il faut que les éducateurs puissent, eux, faire un travail d'explication, en amont ou en aval, de sorte que le mineur comprenne, dans tous les cas, ce qui s'est passé au tribunal peu importe la décision rendue, qu'elle soit une décision de condamnation, de relaxe ou de nullité. Il est nécessaire que cela fasse sens pour le mineur ce qui n'est pas toujours le cas aujourd'hui.

Grégoire Meurin : Je vous remercie pour vos interventions respectives. Existe-t-il aujourd'hui un mouvement de déspécialisation des acteurs de la justice des mineurs ? La réponse est complexe. On retiendra cependant que de nombreux professionnels se préoccupent de la connaissance et de l'intérêt des mineurs. Or, c'est précisément ce double intérêt qui constitue le point de départ de toute « spécialisation professionnelle » dans la prise en charge judiciaire des mineurs.

Table Ronde 2 : Le milieu ouvert : l'évolution des pratiques à partir de trois générations de professionnels

Animation : Véronique Blanchard, historienne, responsable du centre d'exposition « Enfants en justice » de Savigny-sur-Orge

Nous allons poursuivre notre réflexion à partir de témoignages issus de pratiques professionnelles. Je remercie d'ores et déjà Jean-Pierre Jurmand, Maïté Bourquin, Françoise Cardaire et Didier Blanchard.

Dans la note d'orientation du 30 septembre 2014, la direction de la Protection judiciaire de la jeunesse a souligné que le milieu ouvert devait être le socle de l'intervention éducative, c'est-à-dire un centre de gravité qui assure la continuité du suivi et qui garantit une cohérence entre les différentes réponses apportées, à savoir le placement, l'insertion, la détention, articulées avec les dispositifs de droit commun ou de protection.

Une intervention se doit d'être modulable et au plus près des besoins du jeune. Si l'on s'intéresse aux statistiques, on s'aperçoit que le milieu ouvert est l'activité la plus fréquente pour les professionnels du secteur.

D'après les chiffres clés de la justice pour l'année 2015, ce sont 100 000 mesures de milieu ouvert qui ont été effectuées en 2014 par les services de la PJJ. Les services habilités justice ont assuré, pour leur part, 5 000 mesures de placement. Cependant, malgré ces chiffres, si le grand public imagine approximativement ce que fait un.e éducateur.rice dans un foyer ou dans une prison, il semble nettement plus complexe de définir le travail d'un.e éducateur.rice en milieu ouvert.

La pratique en milieu ouvert est difficilement lisible, semble-t-il, car comme l'indiquait une recherche consacrée à la question en 2008 : *« Un certain nombre d'aspects des pratiques éducatives sont peu observables, d'une part en raison du fait que la relation éducative se construit en grande partie au cours d'entretiens individuels où la présence d'un observateur n'est pas possible ; d'autre part, parce qu'elle ne passe pas par*

l'usage de techniques spécifiques qui seraient mobilisées de façon régulière, d'une situation allant à l'autre et qui les rendrait observables ».
Ainsi, le défi de cette table ronde sera de vous permettre de comprendre le milieu ouvert, de découvrir sa pratique depuis quarante ans, en empruntant un regard historique.

Pour ce faire, nous commencerons par une rapide présentation historique de la naissance du milieu ouvert qui sera effectuée par Jean-Pierre Jurmand, qui y a consacré une thèse de doctorat en histoire. Puis, nous donnerons la parole à trois témoins ayant longtemps travaillé en milieu ouvert.
Maïté Bourquin a travaillé en milieu ouvert dans les années 1960/80. Françoise Cardaire y a travaillé pendant les années 1980/90.
Et enfin, Didier Blanchard a connu le milieu ouvert pendant les années 1990/2000.
Chacune de ces personnes apportera un témoignage sur des expériences singulières et spécifiques, mais qui nous sont apparues comme représentatives. La confrontation entre le travail de l'historien et la parole des praticiens devrait vous permettre justement ce travail de réflexion autour de la pratique du milieu ouvert.

Jean-Pierre Jurmand
À l'instar de l'établissement spécialisé, le milieu ouvert, en tant que mode de prise en charge des mineurs de justice, si l'on reprend la trilogie proposée par Jean-Jacques Yvorel, n'est ni une idée neuve ni une réalité nouvelle, mais sa consécration est tardive et son institutionnalisation récente.
Elle s'est tout d'abord manifestée avec la naissance de la liberté surveillée en 1912 à partir du moment où le magistrat accepte et choisit de remettre à sa famille un mineur à condition qu'il soit surveillé. Puis, en 1945, grâce à une meilleure organisation, la liberté surveillée ouvre un nouvel horizon, celui dit « de la cure libre », au magistrat qui décide parfois de laisser les mineurs dans leur milieu naturel. Un mode de traitement réputé plus proche de l'action sociale que de l'action éducative se

professionnalise à côté de l'internat qui reste à l'époque le seul modèle de rééducation.
Entre 1952 et 1956, l'Éducation surveillée tente une première expérience d'observation en milieu ouvert donnant lieu à un rapport considéré comme une référence en matière de méthode de milieu ouvert. Jusqu'ici, seule l'assistante sociale, pour l'enquête sociale et déléguée permanente à la liberté surveillée, avait accès au milieu familial et social du mineur, désormais, l'éducateur y fait son entrée tout en étant relié à une équipe pluridisciplinaire, ce qui le distingue du délégué permanent. L'ordonnance du 23 décembre 1958 accélère le processus de ce qu'on appelle l'observation et l'éducation en milieu ouvert. L'ordonnance bouleverse la prise en charge des mineurs en danger à laquelle elle est consacrée, en promouvant l'idée d'une action éducative étendue au mineur et à sa famille, et non pas aux deux de manière séparée. Elle a également des incidences sur la prise en charge des mineurs délinquants. En 1960, l'Éducation surveillée dispose, pour son secteur public, de quatre centres d'observation et d'importants internats dont quelques-uns sont un héritage de l'administration pénitentiaire qu'elle s'est évertuée à transformer en école professionnelle, comme l'a rappelé Jean-Jacques Yvorel. Dans la décennie qui suit, elle met en place auprès des juridictions pour enfants des équipements de base inscrits dans le tissu urbain, plus proches des milieux de vie des mineurs. Néanmoins, elle a inversé l'ordre des priorités éducatives, le choix de la recherche de l'insertion sociale du mineur s'effectue de manière directe, plutôt que par le biais de l'internat, tout en conservant sa mission spécifique, c'est-à-dire prendre en charge les plus difficiles. L'Éducation surveillée continue alors à développer un programme d'internat et d'établissements spéciaux. Malgré un important changement de moyens, la progression des équipements légers sur le territoire national est beaucoup plus lente que prévu par le premier plan d'équipement de 1962. Le centre d'orientation et d'action éducative, le COAE, assure des fonctions d'observation, d'éducation en milieu ouvert, et de postcure. À ce centre, sont annexés des foyers dont la fonction d'hébergement vient en appui du COAE, en se distinguant par la diversité de leur fonction éducative et la souplesse de leur

fonctionnement. À partir de 1965, ils sont nommés FAE, foyers d'action éducative. Le COAE est une entité administrative englobant alors une consultation d'orientation éducative, le COE, et un ou deux FAE.
Parallèlement, le secteur habilité développe un important réseau de services d'action éducative en milieu ouvert consacré aux mesures d'assistance éducative. La difficulté pour l'Éducation surveillée est de définir une éducation en milieu ouvert différente de la liberté surveillée, celle-ci, en effet, est prédominante dans le secteur et se caractérise par la faiblesse du nombre des personnels, et par la quantité importante du nombre de mineurs essentiellement délinquants qui lui sont confiés.
En 1974 et en 1975, la direction de l'Éducation surveillée fixe une orientation claire d'abandon des structures importantes, ségrégatives, et donne la priorité aux équipements légers situés en milieu urbain. Elle est favorable à l'introduction d'une certaine déspécialisation, pas du tout dans le sens où on l'entend aujourd'hui, précisément dans ce colloque. Cette déspécialisation porte sur des équipements dans le but d'assurer une meilleure continuité éducative de la prise en charge. Ainsi, la fonction d'observation ne fait plus l'objet d'un établissement spécifique, mais elle est intégrée à l'ensemble de l'action éducative. L'objectif est de mieux répondre aux besoins des mineurs dans le sens d'une plus grande individualisation de la prise en charge. Dans ce cadre, une marge d'autonomie est laissée à la pédagogie éducative des équipes. En 1974, l'Éducation surveillée ne compte que 54 services de milieu ouvert, alors que les 117 tribunaux pour enfants disposent d'un service de liberté surveillée.
En 1979, le nombre sera de 98 services de milieu ouvert. Concernant les catégories juridiques dont sont issus les 12 730 mineurs pris en charge en milieu ouvert, 83,6 % d'entre eux sont des mineurs en danger ; 16,4 % sont des mineurs délinquants.
Une nouvelle politique, dans les années 1980, complète l'implantation des services de milieu ouvert sur le territoire national. La crise économique et sociale fait sentir ses effets dès la fin des années 1970, auprès de jeunes confiés à l'Éducation surveillée et met gravement en danger les structures, notamment

les foyers conçus dans une période de pleine croissance et de plein emploi. De plus, l'Éducation surveillée doit faire face, sur le plan interne, à des risques de dispersion et d'éclatement provoqués par la diversité du fonctionnement de ces services, par la pluralité des techniques, l'hétérogénéité des pratiques et des théories des équipes éducatives. Par ailleurs, la direction choisit de ne pas céder à la demande de répression et d'enfermement vers lesquels d'autres administrations voudraient la voir s'orienter ; au contraire, elle renforce une politique d'intervention en milieu ouvert en encourageant les innovations.

Au niveau de sa gestion, elle tend désormais à rattacher l'action éducative à un territoire, en l'occurrence implanter les services au niveau départemental, afin d'assurer une meilleure coordination des équipes en accord avec les juridictions. En 1983, grâce à la mise en place d'une politique départementale, l'ouverture et le décloisonnement doivent bénéficier à l'objectif d'insertion sociale et professionnelle des jeunes et poussent l'Éducation surveillée à s'associer à d'autres organismes extérieurs publics et associatifs ou à des programmes interministériels. Le champ de l'intervention de l'action éducative s'en trouve modifié, intégrant, à la fois la prise en charge individuelle et la dimension sociale de l'environnement du mineur. Les notes de la direction de la Protection judiciaire de la jeunesse, nouvelle appellation donnée en 1990 à l'Éducation surveillée, témoignent de cette évolution.
Au début de ces années, on insiste à la fois sur la nécessité de réintroduire la spécificité du cadre judiciaire de l'intervention éducative et sur les exigences administratives, l'inscription dans un dispositif départemental, cherchant par là même à mettre en cohérence le fonctionnement des services et les règles institutionnelles. L'enjeu est d'autant plus important que les centres d'action éducative (CAE) constituent la majorité des établissements de la Protection judiciaire de la jeunesse en absorbant une grande part de son activité, à hauteur de 75 %. Les pourcentages sur la situation juridique des jeunes suivis sont un peu plus équilibrés que ceux des années 1970 : 65 %

des mineurs sont pris en charge au titre de l'article 375 du Code civil et 35 % le sont au titre de l'ordonnance du 2 février 1945.
Dans un nouveau contexte général où la délinquance des mineurs est un enjeu politique, un grand renversement s'opère au milieu des années 2000, à la suite de la décision de la direction de la PJJ de recentrer l'action globale de ses services au pénal, devenue effective en 2009 : les mesures pénales de protection judiciaire progressent dès 2002 de 31%. Les mesures de probation et de peine initialement applicables aux majeurs (contrôle judiciaire, sursis avec mise à l'épreuve, travail d'intérêt général, liberté conditionnelle, suivi socio-judiciaire) représentent 47 % des mesures de milieu ouvert au pénal, dont la part représente désormais les trois quarts des mesures de milieu ouvert.
De nouvelles mesures, les sanctions éducatives, vont devoir être appliquées par les unités éducatives de milieu ouvert (UEMO), comme le stage de formation civique (2002), ou le stage de citoyenneté (2004). Les impératifs juridiques liés aux mesures de contrôle et la vision restrictive guidée par la logique de la réponse pénale heurtent une culture professionnelle ouverte à d'autres approches éducatives et qui avait fait de la durée un argument décisif de son action.

Selon vous et votre expérience, quels sont les objectifs et finalités du travail en milieu ouvert ?

Didier Blanchard
Je peux nommer ce qu'on peut qualifier d'objectifs classiques : le travail autour de l'insertion du mineur, l'aider à construire un projet de vie, travailler sur son relationnel, notamment à l'égard de ses parents et le rapport à la loi pour tenter de les faire évoluer.
Ce qui me paraît le plus important repose sur le fait que le travail de milieu ouvert puisse contribuer à faire en sorte que le jeune devienne un citoyen responsable de ses actes, de ses choix, de sa vie. Viser à le rasséréner et travailler l'ajustement relationnel à autrui et aux institutions, l'aider à être acteur d'une vie en paix avec la loi. C'est dans une juste mesure contribuer à créer du lien avec la société, à développer ce lien souvent mis à

mal dans une histoire de vie compliquée ; ce lien permet aussi la restauration de la confiance envers les adultes référents et envers les institutions.

Maïté Bourquin
Les objectifs de la mesure du milieu ouvert étaient définis à l'issue de la mesure de consultation. Cette consultation était prise en charge par les psychologues et les psychiatres, éventuellement par un médecin généraliste. Les éducateurs ne participaient pas à cette démarche.
Les buts de cette consultation visaient à mieux connaître la nature du trouble présenté par l'enfant et l'adolescent, à repérer les mécanismes intrapsychiques. Les examens psychologiques étaient très approfondis : niveau cognitif, projectif, entretien clinique avec l'enfant et ses parents.
La référence théorique de ces interventions prenait appui sur une psychologie à dimension analytique, tous les intervenants étaient analystes ou en cours d'analyse.
C'est au cours de la réunion de synthèse qui réunissait juge des enfants, psychologue, psychiatre, éducateurs que se construisait peu à peu une action éducative future. Animées par un directeur, ces rencontres s'efforçaient de dépasser les notions de diagnostic et de pronostic (encore assez présentes à cette époque) pour inscrire d'emblée l'action éducative dans sa dimension relationnelle avec le jeune et sa famille.

Françoise Cardaire
Le milieu ouvert de l'Éducation surveillée, puis de la Protection judiciaire de la jeunesse s'articule bien sûr à partir d'une commande judiciaire, c'est-à-dire à partir d'attendus plus ou moins explicités dans l'ordonnance du juge que reçoit le service. À charge des personnels ensuite de mettre en musique les différentes mesures. Elles étaient les suivantes : la consultation psychologique, l'observation en milieu ouvert, l'enquête sociale, l'action éducative en milieu ouvert, la protection du jeune majeur, et aussi la liberté surveillée préjudicielle, la liberté surveillée, le contrôle judiciaire, le sursis mise à l'épreuve et le travail d'intérêt général.

Ensuite, il s'agit de rendre compte, d'apporter un éclairage le plus complet possible afin que le magistrat puisse prendre la décision la plus adaptée. Une fois le cadre posé, la compréhension de la situation du jeune et de sa famille repose sur l'écoute, une réflexion vive, et surtout une dynamique qui sera propice à des changements.
Le but est d'améliorer la situation de faire baisser les tensions, de favoriser les échanges en créant un climat de confiance qui permettra une certaine adhésion du jeune et de la famille. La démarche de fond reste complètement la même, que ce soit au civil comme au pénal, d'autant plus que, souvent, une mesure pénale et une mesure civile sont conjointes.
La recherche d'adhésion vise à apporter des conseils aux parents, qu'ils puissent faire face aux difficultés qu'ils rencontrent, mais c'est aussi accompagner le jeune en maintenant toujours le cap et en assurant une continuité, malgré les ruptures, les revirements, les passages à l'acte renouvelés et aussi les périodes d'incarcération.
Chaque personnel de l'équipe pluridisciplinaire est confronté, lors des études de cas hebdomadaires, à des compréhensions et des préconisations qui sont parfois différentes. Mais, la discussion favorise la reconnaissance de la place et de la fonction de chacun, elle instaure une confiance réciproque, et permet une réelle écoute qui conduit à débloquer certaines situations et de ne pas laisser un collègue dans des impasses.
Avec l'accord du juge, le milieu ouvert se poursuit, le plus souvent, à travers une assistance éducative en milieu ouvert (AEMO), et c'est le même service qui la met en œuvre pour garantir une réelle continuité.

Une des finalités du milieu ouvert, c'est bien de mettre des mots et du sens à la place de la violence et du mutisme. Il permet de solliciter et de s'appuyer sur les instances de droit commun extérieures jusqu'à la cessation de la mesure judiciaire, et la période qui nous intéresse est justement marquée par l'ouverture à l'extérieur, dans un contexte économique devenu plus délicat.

Pour conclure, le but du milieu ouvert est de faire émerger des possibilités et de penser à la fois dans une logique du particulier, du global, de penser le jeune, sa famille, les déviances, enfin de tout penser. Nous avons été naturellement confrontés à de nombreux échecs, à des drames aussi, mais j'ai gardé le sentiment que cette période était vraiment particulière car on croyait quand même au possible.

Quels moyens et méthodes avez-vous utilisés pour parvenir à ces objectifs, vous étaient-ils propres, élaborés en équipe, au plan national ?

Didier Blanchard

Dans la boîte à outils de l'éducateur en milieu ouvert, figure, en premier, lieu l'entretien éducatif individuel et/ou familial qui forme le lieu et l'espace de l'échange avec le mineur.

Au besoin, et selon la problématique du jeune, il peut être fait appel à des supports qu'on qualifie de médias éducatifs. Le détour par un média permet d'aborder les difficultés, les infractions, les affects, de manière non directe et autorise le jeune à se livrer plus facilement. L'appropriation de ces médias par les éducateurs peut aussi se réaliser en équipe avec le soutien notamment des psychologues du service donc dans une dimension pluri-disciplinaire.

Les outils utilisés dans l'unité sont les suivants : le photo-langage, *Cartes loi*, le *Qu'en dit-on ?* , les fiches de l'Éducation nationale - Eduscol sur la sexualité, de nombreux DVD sur la dépendance et les addictions, l'intégral sur la sécurité routière, le *Trivial Pursuit* « prévention drogue » (liste non exhaustive).

Les études de cas et la lecture plurielle des situations, par le questionnement pluridisciplinaire, permettent aussi de fixer des objectifs de travail et de ne pas s'enfermer dans une dimension mono-disciplinaire de la prise en charge. Cette méthode de travail vaut, dans l'unité, autant pour les mesures d'investigation dont notre protocole de mise en œuvre prévoit trois rencontres interdisciplinaires que pour les autres suivis à travers les études de situations pénales. D'une manière plus large et dans ma pratique de milieu ouvert (depuis 1995), j'ai

toujours connu des études de situations qui permettaient de mettre en réflexion l'action menée et à conduire.
Le travail en milieu ouvert s'appuie également sur un partenariat développé tant au niveau des dispositifs scolaires ou socio-professionnels, que d'associations ou services qui assurent des missions de service public, et qui œuvrent au maintien du lien social et à l'acquisition de la citoyenneté. À titre d'illustration, on peut citer le recours, pour les mesures de réparation, les stages de citoyenneté et les travaux d'intérêt général, aux services d'incendie et de secours, à la Croix Rouge, aux Restos du Cœur, aux services techniques des mairies, des communautés d'agglomération et les associations locales souvent très actives sur un territoire. En fait, la sollicitation des acteurs du tissu local pour accueillir un jeune est constitutive de son ouverture sur l'extérieur et de la construction de sa position d'acteur/citoyen.

Les activités partagées avec le jeune contribuent à développer des savoir-être, à favoriser l'ajustement émotionnel et relationnel, à affiner la compréhension des enjeux de la vie collective. Des activités ont été diversement pratiquées dans l'unité selon les périodes et les compétences des professionnels (voile, ski, escalade, VTT, atelier d'expression artistique) et cela avant la mise en œuvre d'un dispositif pérenne d'activités de jour[142]. Ce qui est acquis durant les activités de médiation au niveau des savoirs-être est transposable aux actions de la vie quotidienne.

Maïté Bourquin
L'action éducative, comme vous avez dû le comprendre, sera très colorée par le processus de consultation dont la grille de lecture est presque exclusivement psychanalytique. L'éducateur a dû d'emblée se situer dans une relation de proximité, d'écoute, s'inscrire dans la durée avec une finalité

---

[142] Voir la circulaire du 25 février 2009 relative à l'action éducative structurée par les activités de jour et la circulaire d'orientation du 3 avril 2012 relative à l'action d'éducation structurée par les activités de jour dans les établissements et services du secteur public de la Protection judiciaire de la jeunesse, NOR : JUSF1220368C.

psychoéducative. Cette relation de proximité se construirait au fil des rencontres, qu'elles soient individuelles ou en famille, au domicile familial ou à l'extérieur (sorties d'école, café...). Il s'agissait, pour nous, d'accrocher une relation avec le jeune, d'essayer de rendre sa parole audible, de mettre des mots sur ce qu'il ne pouvait pas dire, de restaurer son estime de soi. L'éducateur était très impliqué dans sa relation personnelle avec le jeune, assure une présence qui réassure et dont on espère qu'elle ouvrira à d'éventuels changements.
On s'apercevait assez rapidement que, pour de nombreux jeunes, la parole était difficile, les entretiens individuels n'étaient pas évidents et, pour les plus jeunes enfants, c'était encore plus compliqué. Au fur à mesure que l'équipe d'éducateurs s'étoffait, on a mis en place des ateliers d'expression plastique, animés par une éducatrice, un atelier d'expression musicale animé par une psychologue. Nous travaillions beaucoup autour du rattrapage scolaire, soit à la consultation, soit au domicile des jeunes. Un des premiers camps de vacances était mis en place pour les « laissés pour compte » des organismes institutionnels, il était financé par le franc « Bérizot » qui est loin de suffire malgré la gratuité des lieux et les transports assurés par les voitures personnelles des uns et des autres.
Ce qui va donner du sens à toutes ces interventions, c'est la question bien sûr de la formation des éducateurs.
À Versailles, nous avions beaucoup de chance. Nous avions un directeur très attentif à la formation, d'emblée il mettait en place des réunions de supervision en équipe, animées par un psychanalyste ou des supervisions individuelles. À partir des situations cliniques, l'accent était mis sur les affects, les résonances individuelles, on réajustait certains positionnements. Les éducateurs étaient fortement encouragés à participer à des actions de formation, certains d'entre eux entamaient une psychanalyse...

Françoise Cardaire
J'ai choisi d'orienter mon propos autour de l'entretien d'accueil, tel qu'on le pratiquait au centre d'action éducative de Melun.

Dans ce cadre, toutes les mesures au civil comme au pénal étaient précédées, pour leur mise en œuvre, par un entretien d'accueil.
La procédure liée à cet entretien préalable poursuivait l'objectif de rendre effective la pluridisciplinarité et de créer une cohérence en favorisant les échanges et en utilisant la compétence de chaque professionnel, y compris du directeur de service. À cette fin, deux outils avaient été créés :
- une grille permettant de dépouiller le dossier au tribunal ;
- une grille d'accueil proprement dite.
Tous ces outils avaient été conçus en réunion d'équipe en toute liberté.

Par ailleurs, l'accueil se partageait en trois temps. L'entretien était la première étape. À la réception de l'ordonnance judiciaire, le directeur, un éducateur volontaire ou un éducateur stagiaire se rendait au tribunal de grande instance et au SEAT pour recueillir des informations relatives au dossier du jeune.
Ensuite, un rendez-vous était proposé au jeune et ses parents ou au jeune majeur concerné, dans les locaux du service. Les personnes étaient reçues ensemble ou séparément, suivant la situation. Participaient à cette première rencontre, le directeur de service et un des deux psychologues cliniciens qui étaient dans le service. Le directeur était le garant auprès des justiciables de la bonne exécution de la mesure, tandis que le psychologue intervenait, pour sa part, dans un autre registre de compétences portant sur l'appréhension des problématiques psychologiques des différents acteurs. Il maintenait le lien au cours du travail éducatif.
L'objectif de cet entretien était de présenter les modalités de la mesure, mais aussi d'amener les personnes à une première conscience des difficultés en jeu. L'entretien donnait à voir une dynamique relationnelle inscrite dans l'interaction qui était celle des parents et des enfants à ce moment-là.
Le deuxième temps de l'entretien portait sur la rédaction du document standard. Ce document volumineux était rempli par les personnes qui participaient à l'accueil. Ensuite, en vue de la restitution et la distribution des mesures, ce dossier était présenté en réunion d'équipe par les deux personnes qui avaient

réalisé l'entretien afin d'exposer les impressions et les hypothèses autour de questions et d'une discussion.
À l'issue de cette présentation, une personne se chargeait de la mise en place de la mesure suivant les disponibilités, de l'intérêt et de la compétence acquise par le professionnel. Ce dispositif d'accueil a créé une dynamique dans l'équipe pluridisciplinaire, d'autant plus qu'on était dans une période de surcharge de mesures. Il a aussi constitué une aide précieuse pour gérer cette liste d'attente.

Quels sont les obstacles, les difficultés que vous avez rencontrés dans votre pratique de milieu ouvert ?

Didier Blanchard
Je peux nommer les difficultés à orienter certains jeunes en rupture avec les institutions et relevant d'un parcours de multi-placé. Ce problème est d'autant plus criant depuis les fermetures d'établissements (foyers d'action éducative) dès l'année 2007. Il s'agit là de désigner clairement l'absence de moyens et les choix opérés suite à la révision générale des politiques publiques (RGPP).
Un obstacle majeur, celui de l'action éducative avec un public contraint, notamment lorsque le jeune est en refus voire en opposition totale. C'est probablement la difficulté la plus forte à surmonter dans une action de milieu ouvert, fort heureusement ces situations sont très minoritaires mais parfois la rencontre ne se fait pas, malgré les tentatives de l'éducateur et sa pugnacité à accomplir le travail demandé. C'est peut-être alors la dimension d'existence professionnelle qui est soulevée et questionnée si la rencontre humaine ne peut s'établir.
Un autre obstacle fort, observé depuis quelques années, concerne les mineurs rejetés par leurs parents et qui délèguent aux institutions la charge totale de l'éducation de leur enfant, voire même qui quittent le département sans se préoccuper du devenir du jeune. Il est alors très difficile dans un tel contexte de maintenir le lien et les prérogatives de l'autorité parentale.
Un partenariat souvent riche reste difficile à mobiliser selon les territoires et les situations (exemple d'un jeune exclu de plusieurs établissements scolaires ou d'un autre « entre le soin,

l'éducatif, la déficience légère, les troubles du comportement… »).

Maïté Bourquin
1968 est passé par là ! À la consultation il n'y avait pas de remise en question de la hiérarchie. L'autorité du directeur reposait sur sa compétence et non sur son statut.
Par contre, les finalités vont évoluer et les remises en question vont porter essentiellement sur :
- La référence exclusive à la psychanalyse : cette grille de lecture nous paraît de plus en plus inadéquate. L'environnement, le quartier, les relations dans la famille ne sont pas suffisamment pris en compte. Les méthodes de travail très centrées sur l'individu occultent le contexte social, familial dans lequel il vit, il nous faut élargir notre point de vue, nous rapprocher des réalités quotidiennes. Cela se concrétisera par la création de nouvelles consultations pour chaque secteur de juges des enfants et par de nouvelles formations proposées aux éducateurs en particulier l'approche du travail avec les familles.
- La relation au judiciaire : il y avait une autre définition des compétences du judiciaire et de l'éducatif, chacun ayant sa compétence propre, la présence du juge aux réunions de synthèse est rediscutée ; on parle de « pouvoir judiciaire » et de « pouvoir éducatif » pas encore de « la clinique judiciaire » (A. Bruel).
Cette interrogation a débouché sur une réflexion au sujet des rapports destinés aux juges : Pour qui les élabore-t-on ? Que doit-on y écrire ? Que devons-nous communiquer aux familles ? Nous avons alors redéfini nos territoires d'intervention réciproques, la compétence du juge des enfants, mais aussi la compétence des éducateurs, en s'assurant une certaine indépendance à l'égard du juge ;
- Des pratiques professionnelles à inventer : la mesure de milieu ouvert, par la place qu'elle occupe dans le dispositif éducatif et judiciaire, est au cœur de situations de crise dans lesquelles il n'y a pas de réponses institutionnelles appropriées (trop tardives et trop rigides) et qui demandent des réponses originales. Cela a incité l'idée d'une action éducative en milieu ouvert (AEMO) renforcée que nous avons essayé de mettre en place avec la

collaboration du foyer d'action éducative et de certains juges, une sorte de « prise en charge globale » par une seule équipe mais les limites sont vite apparues : manque de personnel, confusion des rôles, réticences de l'administration.

Françoise Cardaire

Concernant le centre d'action éducative de Melun, on ne peut pas passer sous silence le contexte démographique de la Seine-et-Marne de cette époque. Depuis le début des années 80, l'explosion démographique et l'afflux des ménages souvent pauvres, issus de la petite couronne parisienne, principalement de Seine-Saint-Denis, du Val de Marne et de Paris intra-muros, étaient impressionnants.

Entre 1982 et 1990, la population a augmenté de près de 200.000 habitants. Peut-être que les démographes s'y attendaient, mais ce n'était pas notre cas.

Dans ce département, c'est Marne-la-Vallée qui réalisait la plus forte progression démographique. Globalement, les services de l'État et les services du conseil général, à ce moment-là, n'avaient ni mesuré, ni anticipé l'ampleur de cette évolution.

Le centre d'action éducative, service de milieu ouvert de l'Éducation surveillée, a été confronté à une liste d'attente très longue et récurrente, provoquant des tensions très fortes avec les partenaires et avec la juridiction qui était elle-même en sous-effectif et pressurée.

La direction départementale faisait, quant à elle, face au redéploiement de l'IPES du secteur qui semblait, de notre point de vue, être prioritaire. Face au manque de personnel sur le ressort de la juridiction de Meaux, le centre d'action éducative de Melun a eu souvent le sentiment que ses demandes en termes de personnel supplémentaire et de frais de déplacement adaptés tardaient à venir.

Il faudra attendre quatorze ans pour que soit créé un deuxième CAE, sur ce ressort, à Montreuil. Si une réelle prise de conscience des conséquences de l'explosion démographique par le conseil général et les services de l'État a tardé, les autres acteurs ont pris la mesure de ces mutations en favorisant la concertation : commençaient alors les schémas conjoints. Cette

concertation a permis d'apaiser la situation. Nous contournions les difficultés liées au nombre limité de places en hébergement en embauchant des familles d'accueil et en mettant en place trois chambres en ville. Puis, l'unité d'hébergement a été créée en 1995 seulement.
Concernant la prise en charge des mineurs et jeunes majeurs en grande souffrance psychique, nous nous heurtions au manque fréquent de psychologues et de psychiatres.

Que diriez-vous de la place du milieu ouvert par rapport aux autres types de prise en charge à l'ES / PJJ ?

Didier Blanchard
Pour considérer la mission au regard des autres prises en charge soit l'hébergement et les activités de jour, c'est le milieu ouvert qui va connaître le jeune le plus longtemps. Et paradoxalement, c'est de cette place que les professionnels passent le moins de temps au contact du jeune.
C'est aussi la mission de continuité, on a parlé de fil rouge : dans la note d'orientation de 2014, on utilise le terme de socle de la prise en charge. À ce titre, le milieu ouvert est en amont de la rencontre du jeune avec l'institution judiciaire (le RRSE pour mise en examen) et en aval d'une décision (mise en œuvre de l'ordonnance ou du jugement) par l'accompagnement éducatif à mener.
C'est une mission qui engage la dimension de l'analyse éducative dans les propositions qu'on doit faire tant au civil qu'au pénal dans le cadre de l'aide à la décision du magistrat et des orientations.
Enfin, c'est une mission très vaste et complexe (je ne dis pas pour autant que la mission en hébergement ou en UEAJ est simple) où se côtoient une quinzaine de mesures et de peines de nature et de saisine différentes avec des objectifs et des modalités de mise en œuvre diverses.

Maïté Bourquin
À l'époque, la mesure de milieu ouvert était une mesure pivot autour de laquelle s'articulaient d'autres mesures. Elle s'inscrivait sur une durée de deux ans, renouvelables, on ne s'en

privait pas ! Elle restait active même pendant des périodes de placement (principe de la double mesure) ce qui permettait de continuer à travailler les liens entre la famille et l'enfant ou l'adolescent.
C'est aussi une mesure qui n'isole pas le contexte judiciaire de l'intervention éducative (à l'époque encore trop « ghettoïsée ») de l'environnement social des familles et elle peut être présente dans diverses instances : groupes de femmes dans les cités, militer pour l'ouverture d'un foyer pour femmes battues, médiation avec le milieu scolaire et professionnels, etc.

Françoise Cardaire
Dans les années 1980, on parle de fil rouge dans le milieu ouvert, mais pas encore de continuité du parcours. Dans le département de Seine-et-Marne, le secteur associatif habilité, en l'occurrence l'association départementale de la sauvegarde de l'enfance et de l'adolescence (ADSEA), était implanté depuis très longtemps par rapport au secteur public. Nous avons donc appris à nous connaître et à nous ouvrir à d'autres institutions.
Nous employions la même démarche pour les placements familiaux, qui existaient de façon importante dans le secteur associatif et aussi, pour l'Aide sociale à l'enfance, en particulier les foyers de l'enfance pour les plus jeunes et les placements en familles d'accueil.
Le seul hébergement Éducation surveillée-PJJ du département était situé à Meaux. Il s'agissait du foyer d'action éducative, qui deviendra ensuite le centre de placement immédiat.
Et les initiatives étaient possibles avec les partenaires car nous entretenions ce climat de dialogue. Le même constat pouvait être dressé pour l'insertion professionnelle.

L'évolution du rôle du juge des enfants

Christian Mouhanna
Sociologue
Directeur du CESDIP (CNRS-Min. de la Justice-UVSQ-UCP)

Au milieu des nombreuses réflexions que suscite une – éventuelle – refonte du droit des mineurs, nous nous proposons d'interroger le fonctionnement de cette justice particulière à travers un regard sociologique porté sur les juges des enfants et sur leur environnement professionnel[143]. Dans le paysage judiciaire, ceux-ci ont toujours constitué une exception, par leur insertion dans un droit pénal particulier, mais également par leurs pratiques. En effet, les juges des enfants s'appuient sur des réseaux de professionnels qu'ils ont, historiquement, largement contribué à construire. À travers l'examen des interactions entre les différents intervenants au sein de ces réseaux, on saisit mieux les logiques à l'œuvre dans leur métier. Si les changements multiples qu'a connue l'ordonnance du 2 février 1945 ont transformé le cadre légal dans lequel exercent ces acteurs, des facteurs d'autre nature ont également participé à la transformation d'une activité qui, aujourd'hui comme autrefois, occupe une place à part dans le monde judiciaire. L'irruption des impératifs gestionnaires dans les tribunaux et les services de la Protection judiciaire de la jeunesse, la départementalisation de l'action sociale, mais aussi le durcissement de l'opinion et des gouvernements contre les délits, et une montée en puissance du rôle de l'usager de la justice ont fortement influencé les pratiques quotidiennes.

Face à cet environnement changeant, les juges des enfants ont dû s'adapter, tout en cherchant à préserver, tant que possible,

---

[143] Une grande partie des réflexions présentées ici est issue des travaux menés par l'auteur avec Benoit Bastard. Voir notamment B. Bastard et C. Mouhanna, *L'avenir du juge des enfants : éduquer ou punir ?* Éditions érès, collection Trajets, Toulouse, 2010.

les principes fondamentaux ayant présidé à la publication de l'ordonnance de 1945, et notamment l'équilibre entre éducatif et répressif, avec une priorité donnée au premier. Mais cet exercice s'avère de plus en plus difficile[144]. La vision avant tout éducative attachée à la justice des mineurs est fragilisée par les transformations du droit, par l'affirmation du rôle du parquet dans ce champ, mais aussi par la sensibilité d'une opinion qui exige davantage de sévérité pour les mineurs. Le développement du management dans les tribunaux et les exigences d'une réponse rapide dans une société mue par l'immédiateté[145] ont mis à mal la notion de long terme. Alors que l'éducation demande un investissement pérenne, alors que ses résultats ne peuvent s'évaluer qu'après une période suffisamment longue, les juges sont soumis à la pression de la réponse immédiate, ce qui est particulièrement vrai en matière pénale. Les questions budgétaires interviennent évidemment. Le renforcement de la tutelle des conseils départementaux s'est accompagné d'une recherche d'économies sur les établissements et les services gérant les enfants. Le juge doit désormais tenir compte de cet aspect budgétaire dans sa décision, en y intégrant des considérations qui ne sont plus seulement fondées sur l'intérêt de l'enfant. Rapidité, demande de répression, coût s'imposent dans le fonctionnement des tribunaux pour enfants comme pour les majeurs. Cela ne signifie pas que les juges ont abandonné le primat à l'éducatif, mais que celui-ci doit être défendu, dans un contexte plus tendu.

À une autre échelle, l'émergence de l'idée d'un justiciable acteur de son parcours judiciaire est également venue fragiliser la position du juge des enfants. L'éducation n'est plus fondée sur un modèle de sachant imposant ses normes à un public obéissant. L'écoute du magistrat s'est transformée : il doit entendre les arguments des familles, et des enfants, et savoir faire évoluer son opinion en fonction de ces échanges. Cette

---

144 F. Bailleau, « La justice pénale des mineurs en France ou l'émergence d'un nouveau modèle de gestion des illégalismes», *Déviance et Société,* 3/2002, Vol. 26, p. 403-421.

145 R. Hartmut, *Accélération. Une critique sociale du temps*, La Découverte, coll. « Théorie critique », 2010.

interaction produit des incertitudes qui pèseront sur les relations qu'entretient le juge avec ses partenaires traditionnels. Il devient plus difficile de décider sans, ou malgré, les familles.

Tous ces changements n'ont toutefois pas totalement déstabilisé les juges des enfants qui conservent, certes avec difficulté, un certain nombre d'atouts pour faire valoir leurs priorités.

La fonction fait le juge : l'attachement à un métier particulier dans le champ judiciaire

Tout d'abord, dans un système pénal où la tendance est à spécialiser et à cantonner les magistrats à des moments particuliers du processus de sanction, le juge des enfants conserve une place à part qui lui donne une vue d'ensemble sur le parcours des jeunes qu'il suit. Intervenant à la fois au civil et au pénal, en assistance éducative, pour les mineurs en danger, ou en juge des auteurs d'infractions, parfois pour des enfants à la fois auteurs et victimes, il n'est pas, comme beaucoup d'autres magistrats, prisonnier d'une vision restreinte de la personne qu'il a en face de lui. Grâce aux intervenants qui travaillent avec lui, grâce aux multiples facettes que comportent sa fonction, grâce aussi au fait qu'il suit les mineurs sur une durée longue, le juge des enfants peut appréhender la problématique du jeune qu'il a en face de lui dans toutes ses dimensions, et non de manière ponctuelle, en le réduisant à un acte commis à un instant donné. Ce point peut paraître normal, banal lorsque l'on parle de l'institution judiciaire. Mais les transformations qu'ont subies les tribunaux, et notamment les services soumis à la pression du temps et aux exigences gestionnaires, ont profondément affecté le cœur de métier des magistrats[146]. L'examen attentif de chaque situation personnelle est devenu un luxe qui ne s'exerce que dans certains cas particuliers – assises, cas très médiatisés –, la plupart des décisions se prenant au contraire très rapidement.

---

[146] B. Bastard, C. Mouhanna, *Une justice dans l'urgence. Le traitement en temps réel des affaires pénales*, Paris, PUF, Coll. Droit et Justice, 2007.

Pour sa part, le juge des enfants s'engage dans un suivi au long cours où la personnalité de l'enfant, son environnement, sa famille, et leurs évolutions constituent le cœur de son métier. Cela représente sans nul doute l'aspect le plus intéressant de leur travail, alors que d'autres magistrats, pris dans des logiques productives, s'interrogent sur le sens qu'ils peuvent donner à leur activité. La nécessaire adaptation de la décision à « l'évolution » du mineur et à l'écoute des familles conduit à délaisser toute approche trop normative au profit d'une souplesse permanente, faite d'évaluation des conséquences des décisions antérieures et d'un pragmatisme intégrant les situations concrètes. Toute règle normalisée de suivi d'un mineur s'avère dans ce cadre une gageure.

Ce mode de fonctionnement qui, nous le verrons, est très fortement menacé, a pour conséquence une extrême difficulté des juges des enfants à produire un discours commun sur des méthodes généralisables à l'ensemble des enfants qu'ils suivent. Si la priorité donnée à l'éducatif reste effective, notamment parce qu'une majorité des mineurs suivis le sont en assistance éducative, tous les magistrats que nous avons pu rencontrer affirment n'avoir aucune réticence à incarcérer, à condition toutefois que le passage en prison s'inscrive dans une démarche éducative et qu'il débouche rapidement sur une autre orientation. Il ressort de l'utilisation de cette large palette de réponses et de la nécessaire adaptivité à des situations très variables et évolutives que les juges des enfants récusent toute recette *a priori.* Chaque cas peut être envisagé d'une manière différente, puisque ce qui compte, c'est moins la décision de départ que les corrections qui pourront y être apportées, en fonction des résultats concrets obtenus.

Dans un univers judiciaire où s'imposent, de plus en plus, des grilles de lecture des situations et des réponses prédéterminées – barèmes[147]–, le juge des enfants fait figure de marginal. Non pas seulement parce que la priorité qu'il donne à l'éducatif détonne dans un monde très fortement orienté vers la sanction

[147] I. Sayn, *Le droit mis en barèmes*, Dalloz, Paris, 2014.

et la prison, mais aussi parce que, soucieux de faire de chaque enfant un cas particulier à prendre en considération, ce juge se place hors d'un système judiciaire converti au traitement de masse et aux réponses standardisées. D'où des critiques qui lui reprochent son laxisme et qui justifieraient le traitement d'une partie croissante de la délinquance des mineurs par le parquet, supposé plus sévère et plus efficace. D'où aussi des reproches quant à l'inégalité de traitement dont il ferait preuve envers les différents jeunes qu'il suit.

Un juge isolé de ses pairs

Les divergences d'approche de l'enfant – de chaque enfant – font donc partie intégrante de la fonction des juges des enfants. Rejetant l'image de « juge gentil » qu'ils estiment obsolète, ils revendiquent la possibilité d'utiliser toute la gamme des réponses à leur disposition, y compris la sanction. Mais cette souplesse rend difficile toute action collective des juges des enfants entre eux. La nécessité de trouver le « bon chemin » pour l'enfant et la recherche d'une adhésion des familles, ainsi que la reconnaissance de l'autonomie dont dispose chaque magistrat pour atteindre ce but peu simple à définir, conduisent ces juges à repousser les recettes toutes faites et les cadres trop stricts de suivi. De même, on observe que le travail collectif, entre juges des enfants, n'est pas simple à établir, justement à cause de cette volonté de préserver un mode de travail non normalisé. Si ces juges partagent largement une même philosophie, celle-ci fait peu l'objet de discussions et de partage. Généralement, chaque juge reste dans un entre-soi, avec ses dossiers, même si dans certains ressorts, certains d'entre eux tentent de travailler autrement. Les échanges se font plus volontiers sur les réseaux sociaux, de manière plus anonyme, mais on est loin d'une structuration forte de la profession tant en interne que vis-à-vis de l'extérieur. Sans qu'ils versent dans la nostalgie, beaucoup de ces juges affirment qu'ils se sentent beaucoup moins mobilisés dans une démarche militante que certains de leurs aînés, plus revendicatifs et inscrits dans les débats publics. C'est, en quelque sorte, la contrepartie à leur volonté de s'inscrire dans un profil de juge plus classique, avant tout soucieux du droit.

Dès lors, il est difficile pour ces juges de constituer un corpus professionnel propre qu'ils pourraient opposer à un collectif, celui des autres magistrats, qui sont eux *de facto* entraînés dans des mécanismes de sanctions de plus en plus automatisés. Leur discours sur l'éducatif et sur le travail « sur mesure » étant peu audible, les juges des enfants sont assez marginalisés au sein des tribunaux. Ils s'inscrivent peu – ou pas – dans les dispositifs de coopération partenariale mis en place par les parquets, qui sont jugés trop peu insérés dans des logiques de réelle prévention et trop tournés vers la répression. Ils fonctionnent le plus possible sur un mode discret, afin d'éviter que l'opinion publique ne s'empare de leurs sujets et ne les entraîne dans des politiques plus répressives. Ils coopèrent en général peu avec les juges aux affaires familiales – JAF – ou avec les autres magistrats tels que ceux de l'instruction, alors que les problématiques internes aux familles, pour les premiers, et le rapprochement du traitement des majeurs de celui des mineurs, pour les seconds, devraient éventuellement les conduire à cela.

D'une manière générale, le juge des enfants entretient des rapports plus fructueux avec les acteurs qui partagent ses vues sur la façon de gérer la justice des mineurs. Par exemple, en interne, dans les plus grands tribunaux de grande instance (TGI) dotés d'un parquet important, ils échangent fréquemment avec les membres de la section mineurs. Ceux-ci jouent un rôle de fluidification des rapports entre un parquet généralement très distant et le tribunal pour enfants. Les recherches que nous avons pu mener dans plusieurs juridictions[148] montrent que le parquet mineurs tend à jouer un double rôle : face aux juges des enfants, il se fait l'écho des demandes d'un parquet et de ses partenaires enclins à leur demander plus de sévérité. En revanche, à l'intérieur du parquet, les membres de la section mineurs cherchent plutôt à défendre les positions prises par les

[148] B. Bastard et C. Mouhanna, *op. cit.*

juges des enfants, et notamment la priorité donnée à l'éducatif. Ce parquet mineurs contribue ainsi à maintenir le lien entre le tribunal des enfants et un parquet généralement à l'écoute des demandes de sanctions émises par la police et l'opinion publique, et réticent à adhérer aux visions éducatives. Mais ce positionnement comporte aussi une contrepartie pour le juge des enfants. Les parquetiers des mineurs utilisent cette relation privilégiée pour répercuter envers ces juges les critiques qui les visent. Dès lors, ces derniers sont encore davantage incités à maintenir leurs distances avec ces partenaires. Le juge des enfants connaît les réticences envers sa politique et rechigne à être mis en accusation dans les instances partenariales qui n'émanent pas de lui.

Dans les plus petits parquets, le substitut en charge des mineurs peut occuper une place similaire, à condition toutefois d'être suffisamment motivé par ce poste. Si ce n'est pas le cas, comme on l'observe ponctuellement, cette fonction étant attribuée quelquefois au « dernier arrivé », les relations peuvent être beaucoup plus distendues. Dès lors, le juge des enfants se trouve réellement « à part » dans le TGI.

Quelle que soit la taille du parquet considéré, sa montée en puissance dans la gestion des délits imputables aux mineurs ces dernières années a remis en cause les équilibres qui ont pu s'instaurer auparavant et a renforcé le risque de marginalisation du juge des enfants. L'accélération des procédures applicables aux mineurs, leur sévérité accrue, et la place croissante prise par les sanctions sans intervention de ce juge[149] ont eu plusieurs conséquences. En premier lieu, elles ont eu tendance à rapprocher la procédure pénale mineurs de celle des majeurs, posant donc la question d'une pérennité d'un droit spécifique et donc d'un juge spécifique aux enfants. Ensuite, elles ont indirectement accentué la pression qui s'exerce sur lui, en mettant en place des procédures qui le contournent et

[149] S. Jacopin, « Le droit pénal français des mineurs, évolutions et transformations juridiques », *Revue Pénitentiaire et de Droit pénal*, n°4, oct.-déc. 2015, p. 789-826.

permettent de sanctionner plus rapidement les mineurs auteurs. Enfin, une partie croissante de ces procédures interviennent sans concertation avec le juge des enfants qui voit arriver ultérieurement des jeunes déjà connus de la justice sans que lui n'en ait été averti, voire dans le pire des cas, des procédures émanant du parquet qui touchent des enfants que parallèlement il suit, sans que le lien ne soit fait avec le tribunal pour enfants. Lorsque de surcroît le lien avec le parquet s'est distendu, les risques de contradictions, ou de conflits ne sont pas rares, tout cela aux dépens d'un suivi cohérent de l'enfant et d'une fragilisation de la notion de parcours éducatif.

Toutes ces transformations menacent le modèle du juge des enfants tel que nous l'avons évoqué. De par ses actions, le parquet montre qu'un autre type de traitement des mineurs est possible, un traitement qui sanctionne les faits plus sévèrement et plus rapidement, sans prendre en compte la personnalité et l'environnement de l'enfant aussi bien qu'il peut l'être dans un suivi longitudinal, un traitement qui s'inscrit parfois directement comme un désaveu de la politique conduite par le juge des enfants quand le substitut propose des sanctions sans en avertir le magistrat qui suit le mineur. Pour préserver les spécificités de la justice pénale des mineurs, celui-ci doit s'arc-bouter sur ses positions, les réaffirmer par rapport à un parquet de plus en plus interventionniste et continuer de fonctionner discrètement au sein des TGI.

Un juge qui s'appuie sur un large réseau partenarial

Cependant, le juge des enfants n'est pas seul. Il bénéficie historiquement de l'appui d'un réseau partenarial qui, loin d'être axé avant tout sur le volet pénal, comme celui du parquet, est avant tout fondé sur l'action éducative et la protection de l'enfance, le pénal ne venant qu'au second plan. En effet, et cela explique aussi en partie la position adoptée par ces juges au sein de la magistrature, le pénal ne revêt pas pour eux un caractère d'urgence aussi fort que celui rencontré en assistance éducative. Comme le dit l'un des magistrats rencontrés lors de nos recherches :

« Les situations urgentes sont bien plus souvent au civil qu'au pénal. Les dossiers d'assistance éducative, c'est toujours de l'urgence. Quand il y a urgence au pénal, c'est une urgence relative... La vie de l'enfant n'est pas en danger, on arrive après l'urgence. Quand il y a urgence au pénal, il faut ouvrir les dossiers au civil pour les régler, parce que régler une situation urgente au pénal, c'est aller trop vite vers le répressif[150] ».

Ceci ne veut pas dire, comme nous l'avons déjà souligné, que les juges des enfants s'opposent à la prison ou à la sanction : ils affirment tous pouvoir les utiliser dans un objectif d'éducation. Mais ils s'opposent au parti pris qui consiste à faire du pénal la priorité, et de l'éducatif ou de l'assistance des variables d'ajustement, alors qu'ils privilégient plutôt une vision inverse, s'appuyant sur l'ordonnance de 1945. Dès lors, on comprend mieux leur marginalisation dans les tribunaux qui, pour leur part, mettent de plus en plus de côté l'aspect d'éducation et d'assistance de leur mission pour se focaliser sur la sanction et son potentiel caractère exemplaire.

Pour remplir ces fonctions d'éducation et d'assistance, le juge des enfants a dû s'entourer de professionnels aptes à traduire en actes ces principes et à assurer le suivi de ses décisions. Outre les personnels de la Protection judiciaire de la jeunesse, il s'appuie sur les savoir-faire et les capacités des différents intervenants sociaux et médicaux, les dispositifs d'action éducative en milieu ouvert (AEMO), les consultations d'action éducative, les centres ouverts ou fermés. Cet ensemble se caractérise par sa diversité, mais aussi par le fait qu'il mobilise des ressources considérables, notamment en personnel, pour prendre en charge un nombre restreint d'enfants, certes parmi ceux rencontrant le plus de problèmes. Dans cet ensemble, le juge des enfants n'est pas le seul décideur, omnipotent, en particulier parce que les justiciables et leurs familles y occupent une place plus importante. Ils ne sont plus considérés

---

[150] Bastard et C. Mouhanna, *op. cit.*

uniquement comme des « cas » à traiter, mais comme des interlocuteurs qui, autant que possible, doivent participer au travail d'insertion et de définition de leurs parcours. On le voit en particulier au moment des audiences « cabinet » du juge, ouvertes aux commentaires des enfants et des parents, et susceptibles de modifier les orientations préalables du magistrat. De ce fait, les échanges entre le juge des enfants et les intervenants sociaux ne se fondent plus sur un « secret partagé » qui élaborerait une décision hors de la connaissance des familles et leur imposerait des décisions prises entre « professionnels ». La connivence qui a pu exister autrefois aux dépens des justiciables n'est plus de mise.

Quelques rares travailleurs sociaux peuvent regretter ce mode de fonctionnement. Mais la plupart des autres se satisfont largement des nouvelles relations qui se sont établies. Ni le juge ni l'intervenant ne sont dans la toute-puissance vis-à-vis des personnes placées sous leur regard. Et le rôle de chacun semble plus clair aujourd'hui. Cette distance prise par les intervenants sociaux et éducatifs dans la participation directe à la décision n'a cependant pas débouché sur une rupture des relations avec les juges des enfants. Les instances de concertation avec ces derniers sont nombreuses, et réunissent aussi bien les associations sous statut privé, les services des conseils départementaux que les personnels de la PJJ. Tous ces interlocuteurs y apprennent à mieux connaître chaque juge, et à lui apporter les informations nécessaires à l'exercice de sa fonction. Dans son interaction avec la famille, le juge a en effet besoin des informations les plus précises possibles, afin de ne pas se trouver en porte-à-faux par rapport à ses interlocuteurs. Dans la démarche progressive qui est la sienne vis-à-vis de l'enfant, il doit intégrer les progrès comme les échecs, afin d'adapter ses décisions. Et seuls ses partenaires peuvent lui apporter les éléments concrets qui lui permettent de bien connaître les jeunes qu'il suit et que le cas échéant, il pourra opposer aux familles.

Les échanges entre le juge et ses réseaux sont aussi importants dans le cadre général actuel de restriction des moyens alloués aux différents services intervenant dans l'Aide sociale à l'enfance. Les différents partenaires du juge ne se cantonnent pas à rendre compte sur les suivis, mais évoquent aussi les limites matérielles qui les empêchent de les assurer au mieux. En effet, les interactions entre le juge et ces partenaires indispensables à son action sont perturbées par les impératifs gestionnaires des services. Tous les juges doivent prendre en compte aussi, dans leurs choix, des capacités réelles offertes pour répondre aux problématiques des jeunes concernés. Les contraintes matérielles interfèrent donc dans la prise de décision. En travaillant avec le juge, les partenaires l'aident à définir la meilleure prise en charge en tenant compte de ces capacités restreintes.

Un juge menacé ?

Ces réseaux propres à la justice des mineurs se sont développés à l'écart de ceux que le parquet a mis en place dans le cadre de la politique de la ville. Ils fonctionnent sur des paradigmes différents, voire opposés et ont donc du mal à se coordonner. Outre les incohérences que ceci peut générer, cette exclusion volontaire peut menacer la façon de procéder de ces magistrats pour qui la compréhension doit primer. Les juges des enfants craignent de se voir happés, nous l'avons dit, par les considérations répressives qui dominent trop souvent dans ces structures. Mais, en y étant absents, ils se trouvent à la fois accusés d'être en grande partie responsables de la délinquance des mineurs, et contraints de gérer les conséquences de décisions prises hors de leur présence. Alors que les juges des enfants cherchent à comprendre l'environnement dans lequel vit l'enfant qu'ils ont en face d'eux, ils peinent parfois à prendre la mesure des situations auxquelles ce dernier est confronté. Et ils se retrouvent parfois en porte-à-faux par rapport aux décisions et aux politiques des autres institutions qui ont cherché à agir sur ce mineur ou « à le gérer » en suivant d'autres paradigmes.

Sur le plan à la fois symbolique et pratique, on notera par exemple le désinvestissement des services de police d'une approche globale du mineur. En effet, à l'exception de quelques très rares brigades particulières qui subsistent dans certains sites et conservent une approche globale, on observe une spécialisation des policiers et gendarmes en charge des problématiques des mineurs, spécialisation fondée sur une approche duale à l'opposé de celle du juge des enfants et de la majorité de ses partenaires. Si les mineurs victimes sont pris en charge par des brigades particulières, les mineurs auteurs de délits sont eux « traités » par des unités focalisées sur les problématiques de délits de voie publique ou autres spécialités thématiques. Le mineur y est vu comme un délinquant comme les autres, par des policiers qui n'acceptent pas le traitement spécifique qui lui est apporté par la justice. Or, les relations qu'entretiennent les policiers avec le juge des enfants sont largement conditionnées par la vision qu'ont ces derniers du mineur : s'il est victime et doit être placé par exemple, le juge des enfants est vu comme une ressource, en revanche, pour les unités de voie publique confrontées aux jeunes auteurs, il est considéré très souvent comme un gêneur, empêchant l'incarcération de ces mineurs fauteurs de désordres.

Cette vision duale – mineur auteur/mineur victime – a tendance à se répandre dans des instances de plus en plus nombreuses, dont le juge des enfants est absent. Astreints à des économies budgétaires, les collectivités locales en charge de l'enfance en danger acceptent de moins en moins de financer des structures destinées à tous les profils, et cherchent à donner la priorité aux mineurs victimes – les autres apparaissant comme secondaires – ou à s'engager dans d'autres voies, comme l'incarcération. Les crédits manquent pour répondre à toutes les demandes émanant du juge des enfants. Mais les décisions de restrictions budgétaires et de sélection font l'objet de dissensions au sein même des services concernés. Si les gestionnaires et les élus s'engagent parfois dans de telles politiques, les praticiens rechignent à les suivre, car ils sont au contact des réalités de l'enfant, et de surcroît mandatés par un juge pour exécuter un certain nombre de missions sans tenir compte de cette opposition entre auteur et victime. Au sein de ces services, l'appui du juge sert à contrebalancer en partie les impératifs économiques et politiques fixés par des administrations qui ne sont pas forcément sensibilisées aux problématiques des jeunes.

S'il a du mal à obtenir que ses injonctions soient respectées, s'il doit se battre pour que les mandats qu'il fixe ne soient pas contrecarrés par des restrictions d'ordre économique ou politique, le juge des enfants reste encore un aiguillon qui permet de maintenir une certaine préservation d'une politique qui intègre l'éducatif. Même les élus et les autres partisans d'économies aux dépens des jeunes auteurs hésitent davantage à procéder à des coupures lorsque c'est l'autorité d'un juge qui est à l'origine des demandes. L'approche globale permet aussi de considérer l'enfant auteur de délit comme une victime de son environnement, et ainsi de bénéficier des structures orientées vers ce type de public. Si son pouvoir réel se heurte aux limites budgétaires et aux choix idéologiques, le juge des enfants reste néanmoins un repère pour les professionnels, qui les aide « à maintenir un cap ».

Une autre menace pèse de manière aussi lourde sur les juges des enfants : les diverses modifications du droit, si celles-ci ne vont pas dans le sens des orientations que nous avons décrites. En effet, et ceci a également été souligné, les juges des enfants d'aujourd'hui se veulent avant tout des magistrats respectueux des lois. Ils refusent d'adhérer à l'image quelque peu rebelle qui caractérisait selon eux leurs grands aînés. En cas de changement de textes allant dans un sens inverse à leurs aspirations, il n'est pas sûr qu'ils trouvent en interne les ressources pour y résister. Non seulement la mobilisation collective reste problématique dans cette fonction qui préserve l'autonomie d'approche de chaque juge et privilégie actuellement la discrétion, mais de surcroît peu de juges des enfants semblent prêts à outrepasser des règles qui, disent-ils, sont aujourd'hui le fondement essentiel de leur légitimité. C'est le droit qui leur permet, ou leur enjoint, une incursion dans ce qui relève normalement de la vie privée des familles, domaine dans lequel les juges hésitent davantage, au moins au civil, à s'imposer. Si ce droit change en leur ôtant une partie de leurs prérogatives, ou s'il les contraint à s'orienter résolument vers le répressif, il risque de modifier totalement leur approche, ou bien à les amener à quitter leurs fonctions.

Conclusion : quel avenir pour le juge des enfants ?

À travers cette rapide exploration de la position du juge des enfants dans son environnement, on perçoit à la fois la force et les faiblesses d'une profession qui est traversée de questionnement sur la pérennité de son action. D'un côté, ces juges sont quelque peu marginalisés, par un parquet qui s'autonomise de plus en plus pour décider de sanctions et pour répondre aux injonctions d'un partenariat prompt à mettre en cause l'efficacité de la justice et sa sévérité, mais aussi par des partenaires traditionnels qui peinent de plus en plus à trouver des budgets et peinent à répondre aux demandes de ce même juge. De l'autre côté, tant au sein du parquet que dans les institutions ou organisations avec lesquelles il travaille, le juge des enfants conserve une certaine aura, ou au moins contrebalance les demandes d'une justice plus punitive en se cantonnant dans des positions fermes privilégiant l'éducatif et insistant bien sur la spécificité des enfants. Il s'ensuit un certain équilibre qui a permis d'éviter un basculement total de l'institution judiciaire. Nous avons pu qualifier ce juge de clé de voûte de la justice des mineurs, dans le sens où il était soumis à de nombreuses contraintes, mais qu'il tirait aussi sa force de celles-ci.

Mais cet équilibre est très fragile. Tiraillé entre des impératifs idéologiques, économiques et organisationnels rendant sa position de plus en plus difficile à tenir, ce juge particulier s'appuie, pour légitimer son action, sur un droit qui, s'il était trop transformé voire trop rigidifié, l'empêcherait d'utiliser cette souplesse d'interprétation qui lui permet de s'adapter à la situation particulière de chaque jeune. Il s'ensuivrait une rupture de ces équilibres fragiles et mettrait en danger le caractère spécifique de cette justice des mineurs, ouvrant la porte dans ce champ à une justice rapide, orientée vers la sanction, fondée sur le traitement de masse, telle qu'on l'observe chez les majeurs.

Une introduction aux approches anglo-saxonnes en matière de justice juvénile

Denis Lafortune (Ph.D.)
École de criminologie
Centre international de criminologie comparée
Université de Montréal

En 1974, le sociologue américain Robert Martinson publia un article qui allait profondément modifier le paysage entourant les pratiques éducatives, pénologiques et pénitentiaires, et ce durant les trente années suivantes[151]. Pour le comprendre, il faut rappeler que, huit ans auparavant, le *New York State Governor's Special Committee on Criminal Offenders* avait fait état d'un besoin pressant d'obtenir une réponse à la question « *qu'est-ce qui marche au niveau de la réhabilitation des personnes délinquantes ?* ». C'est la raison pour laquelle les membres du comité firent appel à trois chercheurs, dont Robert Martinson, leur demandant d'effectuer une recension systématique des évaluations disponibles et de répondre à la question : *What Works?* C'est ainsi que Lipton, Martinson et Wilks se penchèrent sur les résultats d'études publiées entre 1945 et 1967 et ayant évalué plus de 230 programmes de surveillance intensive, psychothérapie, thérapie de groupe, rééducation, formation professionnelle et intervention psychiatrique mis en place auprès de délinquants adultes. Leurs analyses portèrent sur les effets de tels suivis sur la récidive, l'adaptation au milieu institutionnel, la consommation de drogue et les changements d'attitude. En 1970, les trois chercheurs avaient effectué leur travail, mais leurs résultats s'avéraient peu probants. Le *Committee* en vint donc à voir leur rapport comme un élément

[151] P. Lalande, « Punir ou réhabiliter les contrevenants ? Du « Nothing Works » au « What Works » (Montée, déclin et retour de l'idéal de réhabilitation) », dans P. Lalande, O. Lamalice (dir.), « La sévérité pénale à l'heure du populisme, Punir ou réhabiliter », ministère de la Sécurité Publique, Canada, Québec, 2006, p. 30-77.

risquant de compromettre la réforme des prisons et il en interdit la publication jusqu'à ce que la recension soit soumise en preuve dans une cause devant la Cour suprême du Bronx. Ce n'est qu'une fois le procès terminé que Martinson put publier les fruits de son travail[152]. Sa conclusion était la suivante : « à de rares exceptions près, et qui sont des cas isolés, les efforts de réhabilitation qui ont été jusqu'ici rapportés, n'ont *pas d'effet appréciable* sur la récidive[153]» (p.48). Selon l'auteur, cela ne signifiait pas « que l'on n'ait pas trouvé d'exemples de succès, ou de succès partiel ». Cela voulait plutôt dire que « ces exemples sont isolés, qu'ils n'ont pas permis d'établir un modèle qui indique l'efficacité d'une quelconque méthode particulière » (p. 49). Enfin, il ajoutait : « peut-être que cela signifie surtout que ce dont notre système correctionnel a besoin est *un engagement plus véritable* envers le traitement » (p.49). Par la suite, au grand dam de son auteur, ce texte fut maintes fois repris et présenté sous un nouveau titre, bien plus pessimiste : *Nothing Works*.

Tel que le mentionne Lalande[1], il serait abusif et inexact d'affirmer qu'en Amérique du Nord Martinson est le seul responsable du déclin de l'idéal de réhabilitation pendant près de trente ans. Mais, il n'en demeure pas moins que ces deux célèbres mots ont exercé une énorme influence tant dans la pensée populaire que les débats intellectuels. Nombreux furent les conservateurs qui citèrent et citent toujours ce texte (sans nécessairement l'avoir lu) pour mieux justifier l'imposition de punitions plus sévères. Selon leur doctrine répressive, l'idée est simple : pour lutter contre la délinquance, il s'agit de mettre le plus grand nombre possible de délinquants dans des centres ou des prisons où les conditions de vie sont difficiles et de les y garder le plus longtemps possible. Selon cette thèse, si la punition est douce, la criminalité augmente. Lorsque la peine est sévère, la criminalité baisse.

---

[152] R. Martinson, « What Works ? Questions and Answers about Prison Reform », *Public Interest*, 1974, 35, p. 22-54.

[153] Ici entendue au sens général de « réitération ».

Ainsi, en 2001, à l'Assemblée nationale française, dans la discussion d'un projet de loi visant à augmenter la sévérité des peines à l'endroit des mineurs délinquants, Henri Cuq[154] faisait à son tour référence à Martinson et à sa démonstration *« de l'échec du modèle de réhabilitation lors d'un colloque mondial sur l'évolution des travaux en criminologie, en exprimant l'axiome 'rien ne fonctionne' (...)* [Cela aurait] *conduit un certain nombre de criminologues mondialement reconnus, à proposer la théorie qui consiste en fait à mettre l'individu en face de ses responsabilités ».*

La méta-analyse comme riposte

Après la publication du texte rebaptisé *Nothing works*, des universitaires tels que Francis Cullen, Paul Gendreau, Donald Andrews ou Robert Ross se mobilisèrent afin de dénoncer « l'état punitif » qui s'installait au même moment où déclinaient les idéaux de réhabilitation, de réinsertion ou de rééducation des délinquants. Dans un premier temps, Gendreau et Ross, publièrent *Effective Correctional Treatment: Bibliotherapy for Cynics*[155]. Ce texte faisait état d'une revue des traitements et suivis qui avaient démontré leur efficacité en matière de réduction de la récidive. Il fut mis à jour en 1987[156], à partir de plus de 200 études conduites cette fois entre 1981 et 1987 et permettant d'arriver à cette conclusion encore plus robuste : certains types de prise en charge sont véritablement efficaces.

Il peut être utile de préciser ici que la méta-analyse est un bilan quantitatif portant sur plusieurs évaluations qui impliquent un groupe « expérimental » et un groupe « témoin[157] ». L'objet à

[154] Assemblée Nationale, Onzième législature. « Loi *tendant à* modifier l'ordonnance n°45-174 *du 2 février 1945 ainsi qu'à* renforcer la protection des mineurs ». Paris : Assemblée Nationale, 2001.

[155] P. Gendreau et R.R. Ross, « Effective correctional treatment: Bibliotherapy for cynics », *Crime and Delinquency*, 1979, 25, p. 463-489.

[156] P. Gendreau et R.R. Ross, « Revivification of rehabilitation: Evidence from the 1980s », *Justice Quarterly*, Vol. 4, p. 349-407.

[157] M.W. Lipsey et D. B. Wilson, *Practical meta-analysis*, Thousand Oaks, CA: Sage, 2001.

l'étude est généralement le taux de réitération officielle (après 3 ans ou 5 ans). Il s'agit de faire la démonstration qu'il est possible de réduire significativement le « taux de base », soit la réitération constatée à la suite des interventions « traditionnelles ». Chez les mineurs délinquants, dans la plupart des pays occidentaux, ce taux de base varie entre 35% et 50% (moyenne de 45%).

La méta-analyse permet de démontrer non seulement ce qui fonctionne, mais aussi ce qui ne fonctionne pas. Par exemple, Gendreau, Goggin et Cullen[158] se sont penchés sur 50 études publiées depuis 1958 et dont les échantillons totalisent 336 052 personnes condamnées dans le but de comparer l'efficacité des sanctions exécutées en milieu ouvert à celles des peines purgées en milieu fermé. Après avoir appliqué une série de contrôles statistiques relatifs à l'âge des personnes ou au type d'infraction commise, ils ont conclu que « toute chose égale par ailleurs », le fait d'avoir purgé une peine carcérale plutôt qu'une sanction en milieu ouvert est associé à un taux légèrement supérieur de réitération (+4%, à ce sujet voir aussi Cullen, Jonson et Nagin[159]). De la même manière, dans le cadre de sa recherche doctorale, Cheryl Jonson[160] a pu retracer quinze études (total de 204 926 personnes) examinant les effets de la dureté (« harsh ») des conditions de détention. Elle arrive à la conclusion que, « toute chose égale par ailleurs », des conditions de vie carcérales dures sont associées un taux de réitération de 58%, comparativement à 42% lorsque les personnes sont libérées d'un milieu où les conditions sont meilleures (un écart de +16%). Bref, un milieu carcéral austère et dur ne semble présenter aucun effet dissuasif, au contraire. Il est à noter que

[158] P. Gendreau, C. Goggin, F.T. Cullen, *The Effects of Prison Sentences on Recidivism,* Ottawa, Ontario: Corrections Research and Development and Aboriginal Policy Branch, 1999.

[159] F.T. Cullen, C.L. Jonson, C.L. et D.S. Nagin, « Prisons do not reduce recidivism: the high cost of ignoring science », *The Prison Journal*, 2011, 91, 3, 48S-65S.

[160] C.L. Jonson, *The Impact of Imprisonment on Reoffending: A Meta-Analysis*, Cincinnati: University of Cincinnati, 2010.

chez les jeunes Américains, les camps militaires ont également été associés à une hausse des taux de réitération[161].

Ce qui (fait que ça) fonctionne

Pour Paul Gendreau, Donald Andrews ou James Bonta, tout effort de prévention de la réitération se voulant efficace doit reposer sur une approche scientifique de comportement délinquant ou sur des travaux de recherche, et non pas sur une quelconque doctrine humaniste ou juridique. Autrement dit, s'il peut être louable d'adopter une attitude ferme ou de se revendiquer d'un esprit humaniste, selon eux, il est encore mieux d'être efficace dans ses actions. Pour y parvenir, il s'agirait de mettre « la méta-analyse au service des cliniciens et des décideurs[162] ». Quelques notions deviennent alors centrales : les facteurs de risque et facteurs de protection, de même que les principes du risque, des besoins et de la réceptivité.

Dans le paradigme anglo-saxon du « What works », la notion de « facteur de risque » désigne des éléments préalables qui augmentent la probabilité d'adoption d'un comportement délinquant, ainsi que sa fréquence, sa persistance ou sa durée[163]. Dans la mesure où il préexiste au résultat, la relation entre ce facteur et l'infraction est de nature probabiliste, et non déterministe. Le fait qu'un individu présente « un risque » signifie tout simplement qu'il appartient à une catégorie statistique pour laquelle un plus fort taux de récidive a été identifié. Le facteur identifié n'est donc pas nécessairement la cause du résultat. Les facteurs dits « statiques » renvoient aux éléments préexistants, considérés comme immuables

[161] A. Petrosino, C. Turpin Petrosino et J. Buehler, « *Scared Straight and Other Juvenile Awareness Programs for Preventing Juvenile Delinquency* », Campbell Systematic Reviews, 2002.

[162] P. Gendreau, C. Goggin et P. Smith, *Effets de l'incarcération et des sanctions intermédiaires sur la récidive : effets généraux et différences individuelles*, Ottawa : Solliciteur général du Canada, 2001.

[163] D.P. Farrington, « Childhood risk factors and risk-focused prevention », dans M. Maguire, R. Morgan et R. Reiner (dir.), *The Oxford handbook of criminology*, Oxford: Oxford University Press, 2007, p. 602-640.

(antécédents délinquants, épreuves vécues en bas âge). Les facteurs dits « dynamiques » sont ceux qui restent malléables ou sensibles au changement. Au cœur de la prise en charge, ils sont également identifiés par Andrews et Bonta comme étant des besoins d'intervention.

Symétriquement à la probabilité négative de commettre une première ou une nouvelle infraction, certains travaux de recherche ont mis en évidence des facteurs positifs, dits « de protection », qui diminuent cette probabilité. Ils sont susceptibles de modérer ou de compenser l'influence de facteurs de risque. Classiquement, les facteurs de protection sont définis comme des éléments qui modifient, améliorent ou changent les réactions d'une personne aux risques environnementaux ou comme des caractéristiques propres à une personne, à son milieu ou à sa situation qui réduisent le risque de récidive ultérieur[164].

Par ailleurs, dans le paradigme anglo-saxon, Andrews et ses collègues[165] ont proposé puis mis à l'épreuve de manière empirique trois principes-clés sur lesquels il faudrait appuyer les « services à la personne[166] ». Ces principes, maintenant connus sous le nom de « risque-besoins-réceptivité » (RBR), sont présentés plus longuement dans les lignes qui suivent.

---

[164] V. De Vogel, M. De Vries Robbé, C. De Ruiter, Y. Bouman, « Assessing Protective factors in forensic Psychiatric Practice : introducing the SAPROF », *International Journal of Forensic Mental Health,* 2011, 10, p. 171-177.

[165] D.A. Andrews, I. Zinger, R.D. Hoge, J. Bonta, P. Gendreau et F.T. Cullen, « Does correctional treatment work? A clinically relevant and psychologically informed meta-analysis », *Criminology,* 1990, 28, p. 369-404.

[166] La notion de « services à la personne » désigne ici l'ensemble des interventions psychologiques, sociales ou éducatives destinées aux délinquants. Elles se distinguent des sanctions légales (ex: amendes, probation, emprisonnement) et des programmes dissuasifs de type « *scared-straight* ».

Principe du risque (qui ?)

Dans le modèle RBR, la sélection des jeunes participant à un programme ou à un suivi individuel devrait se faire en fonction du principe du risque. Celui-ci précise l'intensité de la prise en charge dont un mineur délinquant devrait faire l'objet. Il stipule que les adolescents à risque plus élevé de réitération ont davantage besoin d'interventions ou de suivi et, qu'inversement, les mineurs à faible risque ne requièrent que peu ou pas de suivi. Demander à des adolescents présentant de faibles risques de participer à un traitement intensif n'améliorera aucunement l'ensemble des résultats et pourrait même les détériorer[167]. De plus, un traitement insuffisant ne changera en rien les taux de récidive chez les jeunes délinquants à risque élevé.

Chez les mineurs, les courbes de distribution de la prévalence de délinquance selon les âges montrent que les taux de passage à l'acte augmentent continuellement à partir de la fin de l'enfance pour culminer autour de 15 à 19 ans. Cela dit, de nombreuses variantes peuvent être observées. Ainsi, la délinquance violente atteint son maximum plus tard que celle qui est faite contre les biens. Les taux de prévalence plafonnent plus tôt chez les filles que les garçons. Chez les garçons de milieux défavorisés, la courbe de distribution est plus élevée et plus large que chez les jeunes de milieux aisés. Bref, sous l'angle du risque, l'âge, le sexe de l'adolescent, le type de passage à l'acte et les caractéristiques socio-économiques du milieu familial sont des premiers éléments à considérer.

Par ailleurs, nos propres travaux réalisés au Québec à partir d'une cohorte de 43 096 jeunes délinquants ont montré que quatre principaux parcours ou trajectoires peuvent être repérés[168]. D'abord, il s'avère qu'une majorité (61,5% de la

---

[167] D.A. Andrews et C. Dowden, « Risk principle of case classification in correctional treatment: A meta-analytic investigation », *International Journal of Offender Therapy and Comparative Criminology*, 2006, 50, p. 88-100.

[168] D. Lafortune et M.N. Royer, « Les jeunes québécois soumis à la LSJPA, les sanctions extra-judiciaires et peines spécifiques qui leur sont imposées », dans M. Alain et S. Hamel (dir.), *Intervenir auprès des adolescents*

cohorte) ne manifeste qu'une délinquance « ponctuelle », c'est-à-dire que les jeunes concernés ne commettent qu'une infraction officielle entre le moment de leur première prise en charge et l'atteinte de leur majorité (18 ans). Peut ensuite être dégagée une trajectoire de délinquance « intermittente et bénigne » (8,7 % de la cohorte) se distinguant par une faible récidive, ainsi que par des délits officiels très peu graves. On y observe plusieurs infractions relatives aux produits (alcool et drogues), voies de fait et « petits » vols. Parmi les jeunes dont la situation est plus préoccupante, certains se démarquent par une trajectoire « brève, mais intense » (15,4 % de la cohorte), c'est-à-dire une période de délinquance limitée à quelques mois, durant lesquels il y a réitération. On y constate cette fois plusieurs vols, introductions par effraction, voies de fait, menaces et gestes d'intimidation. Quant à la trajectoire de délinquance « précoce et persistante » (14,4 % de la cohorte), elle se reconnaît à sa précocité, sa durée et son polymorphisme (voies de fait, menaces/intimidations, vols, cambriolages, outrages et dégradations). Près des trois quarts des jeunes constituant ce groupe sont connus des services québécois de Protection judiciaire de la jeunesse.

En somme, chez les mineurs, la réitération ne concerne qu'une minorité d'environ 40% des auteurs d'infractions, parmi lesquels plusieurs ont vécu une histoire de négligence ou maltraitance. En vertu du premier principe du *What works*, une évaluation fidèle et valide du risque de réitération est une première étape importante, qui offre la possibilité de différencier les mineurs délinquants pour ensuite les apparier au niveau de suivi qui est le plus approprié pour eux. Cet exercice assure les professionnels que les adolescents reçoivent l'encadrement et l'intensité d'intervention qui correspondent à leur niveau de risque. En procédant de la sorte, les probabilités que le suivi réussisse sont plus élevées[169].

---

contrevenants au Québec, 10 ans d'expérience sous la LSJPA, Presses de l'Université du Québec, 2015, p. 91-109.

[169] F. Cortoni et D. Lafortune, « Le traitement correctionnel fondé sur des données probantes: une recension », *Criminologie,* 2009, 42, 1, p. 61-90.

Principe des besoins (quoi ?)

Le principe des besoins suggère que les facteurs de risque dynamiques, par opposition aux besoins d'une intervention psychothérapeutique ou sociale plus générale, sont les cibles appropriées. Ces facteurs de risque dynamique de *réitération* peuvent être regroupés en huit catégories, qui recoupent en grande partie les éléments associés à la *primo-délinquance*.

a) Tout d'abord, les caractéristiques *familiales* des jeunes délinquants peuvent intervenir, selon les situations, comme des facteurs de risque ou de protection[170]. Il peut s'agir par exemple de l'adoption d'un comportement criminel par un parent ou encore de l'exposition aux conflits entre les parents, notamment à la violence conjugale. Dans tous les cas, il est important de préciser que ces hypothèses ne peuvent être appréhendées indépendamment de l'influence des contextes géographique, économique et social, ainsi que des différentes pratiques policières et judiciaires qui y correspondent.

b) Le monde des r*eprésentations* (ex. : attitudes, valeurs, autojustification) constitue un deuxième domaine de corrélats significatifs de la réitération[171]. Voilà pourquoi le professionnel devrait porter une attention particulière aux attitudes ou cognitions qui sont favorables à la violence (qui serait « un bon moyen de se faire respecter »), au vol (« un moyen comme un autre de gagner sa vie ») ou aux délits sexuels (« provoqués par les attitudes séductrices de la victime ») et qui sont soutenues par un système de rationalisations et de préjugés hostiles.

c) Les *addictions* et autres problèmes de consommation de produits constituent un troisième domaine de facteurs de risque

---

170 J.H. Derzon, « The correspondence of family feature with problem, aggressive, criminal, and violent behavior: meta-analysis », *Journal of Experimental Criminology*, 2010, 6, p. 263-292.

171 M.A. Law, « Les domaines de besoins du délinquant : les attitudes », *Forum – Recherche sur l'actualité correctionnelle*, 1998, 10, 3, p. 42-45.

dynamiques sur le long et le court terme[172]. Ce type d'habitude peut en effet inciter le mineur à commettre des infractions à des fins financières ou déclencher des comportements violents. Il peut également avoir un impact sur ses fréquentations, sur sa capacité à s'insérer professionnellement et constituer un obstacle majeur à sa réinsertion. Bref, les abus, dépendances et intoxications associés à l'alcool et aux drogues peuvent mener directement ou indirectement à des comportements délinquants[173].

d) Certains *traits de personnalité* sont également considérés comme des facteurs de risque, notamment : la grandiosité ou surestimation de soi, le manque d'empathie et l'absence de considération d'autrui. L'impulsivité fait partie de ces traits de personnalité, de même que toute disposition personnelle pouvant diminuer la capacité à contrôler son comportement (exemple, la recherche de sensations fortes). Quant aux *troubles mentaux graves en émergence,* ils sont plus spécifiquement liés à la violence[174], en particulier lorsqu'ils s'accompagnent d'une consommation de produits[175].

e) L'importance *des loisirs* sur le processus de réitération des passages à l'acte fait de plus en plus consensus. Par exemple, Zamble et Quinsey[176] ont comparé les « styles de vie » de 311 délinquants ayant récidivé à ceux d'un groupe de non-récidivistes. Ils ont alors constaté que les premiers passaient plus de temps à faire des activités sans but précis, comme

---

[172] S. Brochu, *Drogue et criminalité : une relation complexe*, Montréal : Presses de l'Université de Montréal, 1995.

[173] D. Armstrong, J. Hine, S. Hacking, R. Armaos, R. Jones, N. Klessinger et A. France, « Children, risk and crime: The On Track Youth Lifestyles Surveys », *Research Study*, Londres : Home Office Research, 2005, p.278.

[174] J. Cocozza et K. Skowyra, *Youth with mental health disorders: issues and emerging responses*, Washington, DC: Office of juvenile justice and delinquency prevention, 2000.

[175] K.M. Abram, L.A. Teplin, G.M. McClelland et M.K. Dulcan, « Comorbid psychiatric disorders in youth in juvenile detention », *Archives of General Psychiatry,* 2003, 60, p. 1097–1108.

[176] E. Zamble et V. Quinsey, *Criminal Recidivism Process*, Cambridge, Cambridge University Press, 1997.

écouter de la musique ou simplement « se tenir en groupe ». Par ailleurs, selon Vitaro et ses collaborateurs[177], la recherche de sensations fortes et la faible capacité d'autocontrôle prédisposent à une variété de comportements « analogues », à savoir : la délinquance, la toxicomanie et le tabagisme, la participation à des jeux de hasard et d'argent, la conduite automobile dangereuse et la propension aux accidents. Une intervention sur les activités de loisirs peut donc aider les mineurs à mieux structurer leur temps et leurs activités routinières tout en développant de nouveaux intérêts.

f) *L'hostilité et la colère* ne sont ni une condition nécessaire ni une condition suffisante pour qu'il y ait passage à l'acte ou infraction violente. Par exemple, chez certains psychopathes, des actes de violence peuvent être commis sans accès de colère. De même, la grande majorité des épisodes de colère ne mènent pas à la violence[178]. L'agressivité doit donc être interprétée comme un facteur de risque contribuant à la récidive, notamment aux gestes violents[179], à la condition que d'autres facteurs soient aussi présents. Il n'en demeure pas moins qu'en moyenne les jeunes placés en institution ont plus de mal à réguler leur colère que les autres, et que les délinquants violents présentent des difficultés plus marquées à ce niveau que les non-violents.

g) Les difficultés d'accès à l'éducation et l'emploi représentent d'autres facteurs de risque de récidive[180]. Toutefois, les travaux de recherche ont surtout insisté sur la dimension qualitative de la formation, l'emploi et de l'acquisition de compétences. Autrement dit, il convient de prendre en compte la stabilité de

---

[177] F. Vitaro, M. Brendgen, R. Ladouceur et R.E. Tremblay, « Gambling, delinquency, and drug use during adolescence: Mutual influences and common risk factors », *Journal of Gambling Studies,* 2001, 17, p. 171-190.

[178] J.R. Averill, *Anger and aggression: An essay on emotion*, New York: Springer Verlag, 1982.

[179] R. Novaco, « Remediating anger and aggression with violent offenders », *Legal and Criminological Psychology, 1997, 2*, p. 77–88.

[180] P. Gendreau, C. Goggin et G. Gray, *Le domaine de l'emploi dans la détermination des besoins,* Saint John, NB: Centre for Criminal Justice Studies, University of New Brunswick, 2000.

l'emploi ainsi que la valorisation des compétences qu'il permet[181]. L'offre de formation et de travail en milieu fermé reste souvent insuffisante pour permettre de pallier d'éventuelles lacunes antérieures au placement. À sa sortie d'une institution, le jeune devrait avoir des occasions d'accéder à un emploi stable et satisfaisant. Or, ses antécédents judiciaires constituent un obstacle majeur aux yeux des employeurs, particulièrement dans un contexte socio-économique difficile.

h) Finalement, *l'influence des pairs* sur la primo-délinquance et sur la récidive est étudiée depuis fort longtemps par les sociologues et criminologues. Plusieurs méta-analyses ont montré que la fréquentation de camarades ou amis délinquants peut jouer un rôle crucial dans la persistance de la conduite infractionnelle[182]. Sutherland, dans sa théorie de l'association différentielle[183], affirme que la délinquance s'apprend aux contacts d'autrui dans un processus de communication qui opère au sein de petits groupes. Plus spécifiquement, l'apprentissage des conduites infractionnelles se ferait par une initiation aux méthodes et « techniques » (par exemple, le cambriolage), ainsi qu'aux motifs et rationalisations qui mènent à la commission d'un délit (par exemple, acquérir une réputation).

Principe de la réceptivité (comment ?)

Enfin, le modèle RBR, selon le troisième principe qui est celui de la réceptivité, stipule que l'intervention doit prendre en considération les caractéristiques individuelles qui peuvent influer sur la capacité de chacun à bénéficier d'un suivi[18]. De manière générale, auprès des mineurs délinquants, les stratégies

---

[181] R.J. Sampson et J. H. Laub, « Understanding desistance from crime », dans M. Tonry (dir.), *Crime and Justice: A Review of Research. 2001, Vol. 28*, Chicago, University of Chicago Press, p. 1- 69.

[182] C. Goggin, P. Gendreau et G. Gray, *Le domaine des fréquentations et des interactions sociales,* Université du Nouveau-Brunswick, Centre d'études sur la justice pénale, 1998.

[183] E.H. Sutherland, *Principles of Criminology* (4e Éd.), New York: J.B. Lippincott Company, 1947.

d'intervention dont l'efficacité a été empiriquement démontrée sont inspirées d'approches cognitivo-comportementales[184], motivationnelles[185] ou familiales systémiques[186] (réceptivité générale). Cela dit, il importe que les professionnels puissent s'ajuster aux (in)capacités de chaque adolescent suivi (réceptivité spécifique), notamment sous l'angle de sa compréhension des concepts abstraits, son autorégulation émotionnelle, sa motivation à changer ou de certaines caractéristiques ethnoculturelles (exemple, le rapport à l'autorité ou la représentation des différences entre les sexes). Outre les aspects qui peuvent faire obstacle au traitement, un certain nombre d'éléments positifs devraient être identifiés et renforcés. En effet, accroître les forces présentes, tout en tenant compte des facteurs criminogènes, permet de brosser un portrait plus complet du mineur délinquant et de lui proposer des avenues orientées vers un avenir positif.

Conclusion

Dans tous les pays, malgré la disponibilité de données probantes, un important travail reste à faire pour consolider les résultats de méthodes prometteuses et développer la capacité d'intervenir plus efficacement dans le domaine de la rééducation des mineurs délinquants. En effet, l'application des principes RBR ne va pas de soi.

Il n'est pas simple d'envisager d'alléger l'intensité d'un suivi dans le cas où l'évaluation révèlerait un risque faible de réitération. Cela suppose que les professionnels aient

[184] N.A. Landenberger et M.W. Lipsey, « The positive effects of cognitive-behavioral programs for offenders: A meta-analysis of factors associated with effective treatment », *Journal of Experimental Criminology,* 2005, 1, p. 451-476.

[185] B. Burke et al., « The efficacy of motivational interviewing: A meta-analysis of controlled clinical trials », *Journal of Consulting and Clinical Psychology,* 71, 5, p. 843-861.

[186] S.W. Henggeler, W.G. Clingempeel, M.J. Brondino et S.G. Pickrel, « Four-year follow-up of multisystemic therapy with substance abusing and substance-dependent juvenile offenders », *Journal of the American Academy of Child and Adolescent Psychiatry,* 2002, 41, p. 868-874.

suffisamment confiance dans la validité des évaluations initiales du risque et qu'ils adoptent une attitude optimiste malgré les réactions négatives de certains groupes sociaux. De la même façon, l'application du second principe peut poser problème dans la mesure où il implique qu'une réponse satisfaisante soit apportée aux besoins qui ont été identifiés. Il faut donc se demander, dans telle ou telle structure, qui peut se consacrer à l'amélioration de l'employabilité, du soutien social ou de la maîtrise de soi. Qui sait intervenir sur les addictions, l'appartenance à des bandes ou des gangs, les activités de loisirs ou la modification des attitudes envers la loi et envers autrui ? Enfin, pour appliquer le principe de la réceptivité, il importe que les professionnels soient en mesure de cibler les éléments sur lesquels ils ont plus de possibilités d'agir. Ils doivent également pouvoir repérer les blocages dans le processus de changement, apprécier de manière continue les progressions et régressions du jeune délinquant et s'y ajuster. Dans tous les cas, diront Andrews et Kiessling[187], ils gagnent à rester fermes, mais juste empathiques et attentifs à leur langage non verbal, actifs et tournés vers la résolution des problèmes.

Malgré tous les défis que cela peut représenter, selon Lipsey[188], en appliquant ces quelques principes, il est possible pour les professionnels de réduire de manière significative la réitération des mineurs délinquants et ainsi de les réconcilier avec la société.

---

[187] D.A Andrews, J.J. Kiessling, « Program structure and effective correctional practices: A summary of the CaVIC research » dans R.R. Ross, P. Gendreau (dir.), *Effective correctional treatment*, Toronto, Ontario, Canada: Butterworth, 1980, p. 441-463.

[188] M. Lipsey, « What do we learn from 400 research studies on the effectiveness of treatment with juvenile delinquents » dans J. MacGuire (dir.) *What Works: Reducing Offending*, Chichester UK: John Wiley and Sons, 1995, p. 63-78.

L'influence du droit international en matière de protection des enfants en conflit avec la loi

Benoît Van Keirsbilck
Directeur de DEI Belgique
Président de DEI international

70 ans de justice des mineurs en France : on peut penser qu'un certain nombre de choses auraient dû être apprises et mises en place, mais de nombreuses réformes sont encore attendues pour améliorer notre système de justice. Qu'est-ce que le droit international a apporté à cet ensemble de réflexions ?

L'analyse de la justice des mineurs n'est évidemment pas neuve et il en est de même au niveau international. La justice pénale des mineurs et leurs modalités de prise en charge ont fait l'objet de travaux très importants dans le cadre d'instances et de conférences internationales. À ce titre, on peut citer les travaux réalisés par les membres de l'Association internationale des magistrats de la jeunesse et de la famille, qui se réunissent régulièrement pour discuter et échanger de leurs pratiques et de leurs expériences respectives.

Néanmoins, au niveau des textes réglementaires, il aura fallu sans doute un peu plus de temps pour que la communauté internationale essaie de réglementer, de légiférer, d'apporter un cadre, des lignes directrices à l'approche de la délinquance des mineurs.

Ma réflexion démarre essentiellement à partir des principaux textes qui ont été élaborés au niveau international, dans le cadre des Nations Unies, sous l'égide de son bureau, qui lutte contre le crime. Il est situé à Vienne et entretient une tradition, celle de se questionner et d'étudier les sites nationaux en matière de justice et de justice pénale plus particulièrement. Il a, au fur et à mesure, accordé une attention grandissante à la situation des enfants.

Dans ce cadre, trois textes ont été élaborés à partir de 1985. L'ensemble de règles minima des Nations Unies concernant l'administration de la justice, dites « Règles de Beijing[189] » contiennent un ensemble de principes qui devraient être dirigés ou en tout cas être utilisés comme référence par les États au moment d'élaborer des réformes de leurs systèmes de justice. Bien sûr, ces règles se sont appuyées sur de nombreuses recherches qui font référence, en prenant en compte l'importante difficulté d'essayer de légiférer au niveau international, sachant que les systèmes de justice et les systèmes socio-économiques sont très différents d'un pays à l'autre. C'était en tout cas une tentative qui reste forte aujourd'hui pour tenter d'uniformiser et d'apporter un certain nombre d'indications sur la manière de traiter les jeunes délinquants.

Quelques années plus tard, en 1990, deux textes fondateurs importants ont été adoptés : le premier corpus porte sur la protection des mineurs privés de liberté, dit « Règles de La Havane[190] », et un second texte, « Règles de Riyad[191] », concerne les principes directeurs des Nations Unies pour la prévention de la délinquance juvénile. À ce moment, une préoccupation émerge de façon plus visible en matière de prévention de la délinquance.

L'ensemble de ces règles est qualifié de *soft law*, c'est-à-dire qu'elles ne sont pas contraignantes pour les États, mais elles ont vocation à fournir des indications et des incitations afin que les États y fassent référence et les utilisent dans le cadre de la réforme de leur législation. On peut remarquer que ces textes ont été élaborés au cours d'une période pendant laquelle la Convention internationale relative aux droits des enfants était

---

[189] Ensemble de règles minima des Nations Unies concernant l'administration de la justice, dites « Règles de Beijing », adopté par l'Assemblée générale dans sa résolution 40/33 du 29 novembre 1985.

[190] Ensemble de règles des Nations Unies pour la protection des mineurs privés de liberté, adopté par l'Assemblée générale dans sa résolution 45/113 du 14 décembre 1990.

[191] Principes directeurs des Nations Unies pour la prévention de la délinquance juvénile, adoptés par l'Assemblée générale dans sa résolution 45/112 du 14 décembre 1990.

en discussion, puisque les travaux ont commencé en 1979, pour aboutir en 1989.

La place de la Convention internationale des droits de l'enfant et des textes européens

La Convention présente une portée contraignante et ses articles 37 et 40, les plus longs, attirent notre attention. Ils reprennent très largement les principes énoncés dans les règles des Nations Unies, et fixent des balises, sans pour autant proposer un modèle de justice juvénile à l'ensemble des pays. Car, les États conservent toujours une marge de manœuvre assez large pour penser la manière de mettre en œuvre ces principes. Ceux-ci visent à favoriser le sens de la dignité et de la valeur personnelle des enfants, à renforcer le respect pour les droits de l'homme et les libertés fondamentales.
Différents droits sont reconnus en matière de procès équitable tels que le droit d'être informé des accusations qui sont portées contre l'enfant, le droit de bénéficier d'une assistance appropriée, le droit à ce que sa cause soit entendue, le droit de ne pas être contraint de témoigner contre soi-même, ou de s'avouer coupable, le droit de contre-interroger les témoins, le droit à l'assistance d'un interprète si on ne comprend pas la langue, et le droit éventuellement de bénéficier d'une réponse qui soit inscrite en dehors du système de justice, c'est ce qu'on appelle les mesures de diversion.
D'autre part, l'article 37 concerne la privation de liberté de l'enfant, qui est une question particulièrement préoccupante au niveau mondial. Cet article rappelle des principes bien connus et qui ont déjà été élaborés par ailleurs : le fait que la privation de liberté soit une mesure de dernier ressort qui ne peut être décidée que pour la durée la plus courte possible et qui doit faire l'objet d'une révision régulière avec toute une série de droits qui doivent également être garantis pendant la privation de liberté. Il s'agit donc d'un cadre ambitieux au regard de l'état de la justice des mineurs. Pendant longtemps, la justice des mineurs était perçue comme une justice de seconde zone par rapport à la justice des adultes, où certains droits qui étaient reconnus aux adultes ne devaient pas nécessairement l'être aux

enfants. La question du procès équitable, par exemple, était dans de nombreux cas, une notion simplement oubliée s'agissant des enfants, parce qu'on considérait que le système agissait pour leur bien, alors pourquoi respecter leurs droits quand il s'agit de s'occuper de leur intérêt supérieur ?
La Convention internationale des droits de l'enfant est venue rappeler que ces principes sont applicables en la matière. Depuis lors, le Comité des droits de l'enfant, en tant que gardien de l'application de la Cide a tenté d'aller plus loin et d'expliquer de manière plus détaillée ce que signifient les articles 37 et 40. Il a ainsi élaboré en 2006 le commentaire général n°10, qui fournit une substance beaucoup plus dense aux articles 37 et 40 de ladite convention.

Sur l'ensemble des textes internationaux en la matière, je suggère de lire la Convention internationale des droits de l'enfant car elle est le texte le plus synthétique, le plus complet donnant de nombreuses indications sur la manière dont les instances internationales conçoivent la justice des mineurs rendue par les États. Ce n'est bien entendu pas un texte qui est absent de toute critique, il peut aussi faire l'objet d'analyses, il est d'ailleurs, en cours de révision par le Comité des droits de l'enfant parce que son interprétation a donné lieu à un certain nombre d'effets pervers.
Au niveau régional, particulièrement en Europe, on a aussi un ensemble de textes qui ont été élaborés au fil du temps : des recommandations du Conseil de l'Europe en matière de traitement de la délinquance, de la réaction sociale au comportement des délinquants, des jeunes, du rôle de l'intervention psychosociale précoce dans la prévention de la criminalité, et plus récemment, en 2003, les recommandations concernant les nouveaux modes de traitement de la délinquance juvénile et le rôle de la justice des mineurs.
Une fois encore, il s'agit, en grande partie, d'un flot d'indications, de conseils, de recommandations, parfois de lignes directrices, les termes peuvent être variables, mais très peu de textes sont contraignants. Un document est actuellement en cours d'élaboration : une directive de l'Union européenne, dont la nature offre un effet contraignant car elle doit être

transposée par les États. Quelques directives européennes ont déjà été prises : celle sur le droit à l'avocat et à l'interprétation et à la traduction dans les systèmes de justice. Une autre sur le droit à l'information, dans le cadre de la justice pénale. Pour autant, ce sont des textes qui sont applicables à tous les justiciables et pas de manière spécifique aux enfants.
Un autre texte en cours traite des règles de procédures applicables aux personnes vulnérables parmi lesquelles figurent les mineurs qui sont soupçonnés ou qui ont commis un délit. Ce texte viendra donner une assise juridique beaucoup plus solide aux garanties applicables en matière de justice des mineurs.
La garantie des droits reconnus émane également de la jurisprudence de la Cour européenne des droits de l'homme qui joue un rôle important car elle rappelle un certain nombre de principes fondamentaux : le droit à un avocat dès la première audition devant le juge de la jeunesse, le fait que, dans un modèle de justice, les mesures soient adaptées aux besoins des enfants. On peut, à ce titre, citer une fameuse affaire contre le Royaume-Uni[192] pour laquelle la Cour européenne a été, à mon sens, assez timorée dans la différence entre la justice des adultes et celle des mineurs.

Les enfants face à la violence

Une autre tendance assez marquante ces dernières années concerne l'agenda international lié aux questions traitant de la violence contre les enfants. Une étude avait été réalisée, en 2006, par le professeur Paulo Pinheiro sur la violence contre les enfants dans l'ensemble des lieux de vie et de socialisation : au sein de la famille, à l'école, dans les institutions. Et, un chapitre entier était consacré à la question de la violence contre les enfants dans les systèmes de justice pour mineurs. L'état des lieux dressé par cette étude met en lumière le fait que les systèmes de justice pour mineurs génèrent de la violence qui produit un effet tout à fait opposé à celui qui est recherché par ces mêmes systèmes.

---

[192] CEDH, *T. c/ Royaume-Uni*, 16 décembre 1990.

Plus récemment, un autre texte onusien s'intitulant « Stratégies et mesures concrètes relatives à l'élimination de la violence à l'encontre des enfants dans le domaine de la prévention et de la justice pénale » s'intéresse notamment aux enfants victimes qui peuvent faire l'objet de prises en charge considérées comme violentes. Il y a, ici, une véritable volonté des Nations Unies d'apporter une réponse à cette problématique.
On pourrait pointer aussi un certain nombre de rapports dont un, paru en 2014. Il a été élaboré par le rapporteur spécial des Nations Unies contre la torture, Monsieur Juan E. Mendez. Ce travail propose une analyse mondiale des situations de violence, de torture, de traitement inhumain et dégradant dans les systèmes de justice à l'encontre des enfants, à l'appui d'illustrations concrètes. Malheureusement, un certain nombre d'exemples cités sont effrayants.

Dans quelle mesure ces corpus législatifs internationaux ont influencé les niveaux nationaux ? Je pense que beaucoup de pays n'ont pas attendu l'adoption de règles internationales pour se pencher et élaborer des systèmes de justice spécifiques pour les mineurs. Mais, à l'échelle planétaire, seule une minorité de pays a construit un système de justice adapté aux enfants, articulé autour de règles de procédure particulières et d'acteurs spécialisés pour intervenir auprès des mineurs qui commettent une infraction. En prévoyant un âge minimum pour être pris en charge dans le cadre d'un système de justice, ces législations nationales tentent de limiter, de manière plus ou moins visible, le recours à la privation de liberté en mettant en place des garanties minimales. Les normes internationales citées parviennent quand même à créer une influence dans l'élaboration des lois et des normes au sein des États. Par exemple, sans entamer une analyse de l'ordonnance du 2 février 1945 à travers ses très nombreuses réformes, il semble évident que certaines modifications de ce texte ont fait référence à ces normes internationales.
Le nombre d'enfants pris en charge dans le monde, soit par un système de justice pour adultes, qu'il soit tribal ou basé sur des normes religieuses, est évidemment considérable et ces systèmes concernent la grande majorité des enfants. Or, ces

mécanismes de justice sont souvent très peu perméables aux normes internationales. Par exemple, le recours à la peine de mort, à la prison à vie ou à des traitements physiques, des punitions contre les enfants infracteurs reste très important dans bons nombres de pays. Ce problème reste une préoccupation majeure au niveau international, surtout concernant l'organisation de la justice des mineurs dans des zones de conflits armés que ce soit en Syrie, en Libye, au Yémen, en Afghanistan, en Irak, et on peut les multiplier.
Mais les enfants qui commettent des délits dans le cadre de ces conflits sont en général traités par un système de justice pour adultes, et bien souvent un système de justice militaire, qui est peu sensible aux droits fondamentaux des plus vulnérables. D'autres situations peuvent être citées : les enfants palestiniens, qui font l'objet d'une justice pénale différente de celle des enfants israéliens. Pendant longtemps, l'âge de la majorité pénale était différent : 16 ans pour les jeunes palestiniens, 18 ans pour les jeunes israéliens. Et un certain nombre de sanctions spécifiques leur sont appliquées de manière particulière avec très peu de garanties, notamment le droit à l'information, le droit à la traduction, le droit de comprendre les enjeux du procès, etc.

Face à la faible importance qui est généralement accordée à la justice des mineurs ou à la manière de mettre en place un système digne des enfants, il n'y a pas de quoi être optimiste.
Même dans les pays qui se sont dotés d'un système de justice pour mineurs, des tentations de modifier des textes ayant pour conséquence une diminution des garanties accordées aux enfants existent. La question de l'âge en est un exemple. La Convention internationale des droits de l'enfant est claire sur l'âge maximum qui devrait être retenu en termes de garanties pour les mineurs. En principe, cet âge est fixé à 18 ans. Dans de nombreux pays, cet âge est beaucoup plus bas, fixé à 16 ans.
Récemment au Brésil, une modification de la Constitution a eu lieu pour abaisser cet âge de 18 à 16 ans. En Uruguay, un référendum a été organisé en 2014 : l'âge de 18 ans a été conservé grâce à une très courte majorité de votants.

En plus de la question de l'âge maximum, il existe celle de l'âge minimum.
La Convention internationale des droits de l'enfant demande aux États de prévoir un âge minimum en deçà duquel le jeune ne serait pas pris en charge par un système de justice pénale. Le Comité des droits de l'enfant, et ce fut l'une de ses maladresses, a considéré, dans son observation générale n°10, que cet âge minimum ne devrait pas être inférieur à douze ans. Dans certains pays, cet âge est parfois bien inférieur à douze ans : certains États n'ont pas fixé d'âge minimum, d'autres l'ont fixé entre sept ou dix ans.
L'effet non prévu de cette recommandation du Comité des droits de l'enfant repose sur le fait que les États qui avaient retenu un âge minimum supérieur à 12 ans ont eu tendance à abaisser cet âge minimum et à basculer les jeunes entre 12 et 14 ans vers un système de justice pénale pour majeurs. Voici donc une autre illustration selon laquelle la justice des mineurs est sujette à des modifications qui ne vont pas nécessairement dans le sens de ce que les Nations Unies semblent recommander.

De la même manière, les recommandations internationales promeuvent également la diversion, c'est-à-dire la prise en charge de jeunes qui commettent des infractions en dehors d'un système classique de justice pénale. C'est une approche intéressante, surtout pour les primo-délinquants. Si son intérêt ne fait aucun doute, le remplacement des mécanismes de justice traditionnelle par un système administratif ou parallèle présente des limites si les règles alternatives ne fournissent pas les mêmes garanties, notamment en ce qui concerne la prise en charge des jeunes ou la nature des sanctions administratives.
Un débat assez important concerne les liens entre les systèmes de protection de l'enfance et les systèmes de justice des mineurs. La frontière entre les deux devrait être assez claire. Pourtant, il existe un flou sur ce qu'on appelle en anglais les *status offenses*, c'est-à-dire les délits qui sont liés à un statut. Le fait de fuguer, de se prostituer, de s'absenter de l'école, de mendier forme une série d'éléments liés à des problématiques d'abord et, avant tout, sociales, mais qui font l'objet, dans beaucoup de pays, d'une réponse pénale tout à fait inadéquate.

Une étude mondiale sur les enfants privés de liberté

Enfin, la question de la détention des enfants au niveau international est une préoccupation majeure des Nations Unies, partagée par le monde des organisations non gouvernementales qui se préoccupent des droits de l'enfant. On peut souligner que l'Assemblée générale de l'ONU a retenu, en décembre 2014, la réalisation d'une étude mondiale sur les enfants privés de liberté.
Cette étude fondamentale sera particulièrement difficile à réaliser car elle aura pour objectif de dresser un état des lieux sur le nombre d'enfants privés de liberté, destiné à servir de balise et d'élément d'évaluation pour envisager des améliorations. Actuellement, peu d'informations précises sont disponibles sur le nombre d'enfants privés de liberté dans le monde.
Dans les années 2000, une étude a été réalisée par l'Unicef et a fait l'objet d'une publication. Ces travaux estimaient qu'environ 1 200 000 enfants étaient placés en détention dans le monde. Mais, une zone grise existe car la privation de liberté peut intervenir dans des contextes différents : pensons aux enfants migrants placés en rétention, les enfants placés en institutions psychiatriques, dans des institutions d'aide à l'enfance, dans des internats à régime fermé.

Ainsi, le nombre d'enfants concernés est nébuleux selon la nature de la privation de liberté. Celle-ci peut être pénale et carcérale, elle peut correspondre à une prise en charge sociale, ouverte sur le monde extérieur. Et c'est l'objet de cette étude que d'évaluer le nombre d'enfants privés de liberté en retenant tous les contextes et en catégorisant l'ensemble des situations : la part représentée par les filles, les tranches d'âge, le type de délit, la durée de la détention, la nature juridique du régime, et les perspectives en termes de réintégration.
Nous sommes très en attente de la réalisation de cette étude et de ses résultats, parce que nous sommes persuadés que cela va permettre de faire progresser la situation, ou en tout cas, nous apportera un état des lieux sur lequel on va pouvoir s'appuyer pour le plaidoyer.

Vers une justice plus restauratrice pour les mineurs en Europe

Lode Walgrave
Professeur émérite
Université de Leuven

La justice des mineurs se distinguait de la justice pénale des adultes par son accent rééducatif. Mais actuellement, le « principe de la primauté de l'éducatif sur le répressif » se voit remis en cause dans de nombreux pays occidentaux. Des voix politiques et médiatiques optent pour une déspécialisation de la justice des mineurs et un renforcement de la dimension punitive[193]. Cette tendance se manifeste dans un climat de durcissement socio-culturel, attisé par des évolutions socio-économiques et démographiques, et abusé par des forces politiques[194]. En outre, l'optique rééducative, réhabilitative de la justice des mineurs est vulnérable à quatre catégories de critiques[195].

L'efficacité des mesures rééducatives et de traitement est faible. Les mesures ou sanctions judiciaires n'améliorent pas les perspectives des mineurs qui y sont soumis ; la réduction du

---

193 Voir par exemple, F. Bailleau, Y. Cartuyvels et D. De Fraene, "The criminalisation of youth and current trends: the sentencing game", dans F. Bailleau et Y. Cartuyvels (dir.), *The Criminalisation of Youth. Juvenile Justice in Europe, Turkey and Canada*, Brussel, VUBPress, 2010, p. 7-28.
J. Muncie, "The Punitive Turn' in Juvenile Justice: Cultures of Control and Rights Compliance in Western Europe and the USA", *Youth Justice*, 2008, 8, 2, p. 107-121.

194 Z. Bauman, "Social Uses of Law and Order", dans D. Garland and R.Sparks (dir.), *Criminology and Social Theory*, Oxford, Oxford University Press, 2000, p. 23-46.
L. Wacquant, *Les Prisons de la Misère*, Paris, Liber, Raison d'agir, 1999.

195 L. Walgrave, "Restoration in Youth Justice", dans M. Tonry and A. Doob (dir.), *Youth Crime and Youth Justice. Comparative and Cross National Perspectives*, Chicago, University of Chicago Press, Crime and Justice. A Review of Research, 2004, 31, p. 543-597.

taux de récidive est limitée, et dépend de nombreux autres facteurs qui dépassent la portée des programmes de rééducation ou de traitement[196].

Le respect des droits des mineurs est douteux. Malgré les règles minimales des Nations Unies sur l'administration de la justice des mineurs (Beijing, 1985), une ambivalence fondamentale persiste. L'imposition des mesures se fonde sur les besoins et caractéristiques de l'auteur de l'infraction plutôt que sur les caractéristiques de l'infraction elle-même, ce qui érode les limites de l'intervention judiciaire et affaiblit les garanties juridiques[197].

La réponse judiciaire visant la réinsertion du jeune délinquant « dans l'intérêt de l'enfant » ne semble pas crédible vis-à-vis de la délinquance grave. Dans le climat actuel, on tend vers des réponses plus strictes et sévères envers la délinquance des mineurs, spécialement pour les infractions graves[198].

Les intérêts et les besoins des victimes sont mal assurés. Le système pénal « utilise » les victimes comme témoins et les laisse par la suite seules face à leurs souffrances et pertes[199]. Ceci est encore plus vrai dans un système des mineurs qui tend à les protéger des exigences émotionnelles de leurs victimes.

Sous l'influence du durcissement socio-culturel et des critiques plus ciblées, le délit ne s'interprète plus comme un symptôme d'une problématique personnelle de l'adolescent, mais comme un acte qu'il faut sanctionner. On ré-accentue la responsabilité de l'adolescent qui a commis l'acte.

Le retour à la responsabilisation du jeune fait peur. Il va à l'encontre de maintes recherches psycho-sociales et médicales

---

[196] D. Andrews et J. Bonta, *The Psychology of Criminal Conduct*, Cincinnati, Anderson (3th), 2003.

[197] B. Feld, "Criminalizing the American juvenile court", dans M. Tonry (dir.), *Crime and Justice: a Review of Research*, vol. 17, Chicago, Chicago University Press, 1993.

[198] Voir N. Dollé, *Faut-il emprisonner les mineurs?,* Paris, Larousse, 2010. N. Sallée, « Éduquer sous contrainte », *Les Cahiers dynamiques,* n° 64, 2015, p. 55-65.

[199] R. Cario, *Victimes du traumatisme à la restauration*, Paris, L'Harmattan, 2002.

qui documentent le manque de maturité neurologique, mentale et sociale de l'adolescent. En plus, la responsabilisation se situe dans une politique néo-libérale, moins basée sur la solidarité que sur l'individualisme et entraînant plus de contraintes que de soutien pour ceux en difficultés[200]. Elle semble nier que beaucoup d'adolescents judiciarisés ont subi eux-mêmes une carrière d'exclusion sociale et souffrent d'un manque de perspectives sociales motivantes.

L'intervention responsabilisante risque de sceller l'exclusion sociale de ces jeunes.

Ces préoccupations sont justifiées, mais elles ne doivent pas aboutir à un refus de toute responsabilité des adolescents. D'une part, un délit fait des victimes et pose un problème pour la vie sociale tout entière, aussi s'il a été commis par quelqu'un qui a été discriminé. Il faut répondre à cet acte et confirmer qu'il n'est pas admissible. On ne peut pas compenser une injustice par une autre injustice. D'autre part, le fait d'avoir été victime d'exclusion sociale ne procure pas un permis pour la violence privée ou pour le vol. Même s'ils ont vécu dans un quartier défavorisé, ont parcouru une carrière scolaire frustrante et ont des perspectives sociales peu motivantes, les jeunes comprennent que le délit n'est pas admis et qu'il cause des souffrances et des dégâts chez des victimes. Ils savent que leur comportement risque d'amener des conséquences désagréables pour eux-mêmes. L'exclusion sociale n'excuse pas la délinquance, même si cette exclusion est une des causes majeures de la délinquance.

Lorsqu'il était candidat à la nomination démocrate pour la présidence aux États-Unis, Jesse Jackson disait devant un public noir : « Vous n'êtes pas responsables pour la misère dans laquelle vous vous trouvez, mais vous êtes co-responsables pour en sortir. » Cette phrase contient les deux conceptions différentes de la responsabilité. Selon la première, Jesse Jackson ne reproche pas à son public ce qu'il a subi. C'est une conception passive de responsabilité, orientée vers le passé. La justice pénale se sert de la même signification. On juge le suspect responsable pour ce qu'il a fait dans le passé et on lui

[200] N. Sallée, *op. cit.*

inflige une punition proportionnelle pour cela. Mais la deuxième conception est active, orientée vers le futur. Les auditeurs de Jesse Jackson ont une responsabilité active à prendre pour améliorer leur avenir.

On est confronté avec sa responsabilité passive vis-à-vis des autres ou des institutions. Si vous vous trouvez dans la misère, c'est votre faute ; si vous agissez, c'est votre libre choix d'agir ainsi, vous en porterez les conséquences. Dans la responsabilité active, par contre, on *prend* sa responsabilité, et on tient compte des conséquences de ses actes.
La responsabilité active s'apprend, surtout dans l'éducation. Entre l'image de l'enfant dépendant et vulnérable, et celui de l'adulte autonome et responsable[201], des nuances existent. Un adolescent n'est pas un sujet sans volonté, innocent et inconscient. Cependant, il n'est pas capable de prendre toute sa responsabilité, pour des raisons neurologiques, mentales et développementales, parce qu'il ne dispose pas de toute l'information et l'expérience nécessaires. Mais il doit l'apprendre. Ce processus d'apprentissage ne se favorise pas par la punition judiciaire, comme en témoignent les résultats très négatifs de l'incarcération des jeunes[202].

S'il est vrai que la responsabilisation des jeunes risque de se voir entraînée dans le gouffre de la répression, la nier complètement serait déphasé. Il faut donc trouver des manières qui impliquent la responsabilité des adolescents judiciarisés, mais qui évitent la rechute répressive, et qui s'insèrent dans le processus d'apprentissage de la responsabilité.

---

[201] Il faut d'ailleurs noter que la supposée autonomie et capacité de responsabilité de beaucoup d'adultes est, elle aussi, une construction très dubitable.

[202] Voir par exemple, J. Christiaens, E. Dumortier, E. Enhus et T. Geluyckens, *Voor het eerst geplaatste delinquente jongeren en recidive,* VUB, School voor Criminologische wetenschappen, 2009.
Independent Commission, *Time for a fresh start. The report of the Independent Commission on Youth Crime and Antisocial Behaviour*, London, The Police Foundation, 2010.

C'est ici que la justice restaurative entre en scène. La justice restaurative offre une voie pour énoncer clairement l'inadmissibilité de certains actes et pour responsabiliser celui qui a commis l'acte, mais elle le fait de façon constructive sans renforcer l'exclusion du jeune, et qui, bien au contraire, profite aux victimes, à la paix sociale et aux délinquants eux-mêmes.

Les précurseurs de la justice restaurative : les mesures ou sanctions alternatives

À partir des années 1980 déjà, on voit partout en Europe des expériences avec des « sanctions alternatives », souvent sous forme de travail d'intérêt général (ou « prestations communautaires ») et de médiations. L'idée était que ces alternatives faisaient appel à la responsabilité des jeunes, étaient adéquates pour mieux s'intéresser aux intérêts et aux besoins des victimes et pourraient contribuer à réduire l'incarcération des jeunes. Des modifications législatives dans ce sens voyaient le jour dans les années 1990[203]. En France, par exemple, la médiation-réparation à tous les stades de la procédure ou par jugement fut inscrite en 1993 dans l'ordonnance du 2 février 1945. L'Allemagne introduisait la médiation comme une forme de « diversion » dans la *Jugend Gericht Gesetz* en 1993. Des modifications dans ce sens ont été apportées aux droits des mineurs aussi en Autriche, en Hollande, en Italie et ailleurs. En Belgique, les premières médiations ont eu lieu dans les années 1980, comme des expériences de diversion. Elles ont été multipliées pendant les années 1990 et début 2000, pour être légalisées dans la réforme de la loi sur la protection de la jeunesse de 2006. Cette réforme introduisait aussi la concertation restauratrice en groupe dans la loi.

---

[203] W. Schelkens, "Community Service and Mediation in the Juvenile Justice Legislation in Europe", dans L. Walgrave (dir.), *Restorative Justice for Juveniles: Potentialities, Risks and Problems for Research*, Leuven (Belgium), Leuven University Press, 1998, p. 159-183.
Des évolutions comparables se manifestaient à l'extérieur de l'Europe. La Nouvelle-Zélande allait le plus loin en introduisant déjà en 1989 le *family group conference* dans le *Children Young Persons and their Families Act*.

Au début de cette période, il n'y était pas question de la notion de « justice restaurative ». On parlait tout simplement de mesures ou sanctions alternatives, de mesures au profit des victimes… Le concept de *restorative justice* a été lancé en 1979 par Albert Eglash et il a attiré l'intérêt de praticiens et d'académiciens pendant les années 1990. Depuis, le concept a été enrichi par des réflexions théoriques, philosophiques et éthiques, et sa pratique fut documentée par des recherches empiriques. Graduellement, on s'est rendu compte que les pratiques « alternatives » correspondaient à la vision, à la théorie, à la philosophie de la justice restaurative.
La justice restaurative (JR) se présente maintenant comme une perspective importante dans les réformes des systèmes de justice pénale et des mineurs. Les organismes internationaux proclament des recommandations en faveur de réponses à la criminalité qui s'orienteraient vers la réparation des dommages et souffrances des victimes[204]. Dans la majorité des pays européens, la médiation et le travail d'intérêt général ont leur place, mais en marge des systèmes traditionnels, comme des « alternatives » aux pratiques traditionnelles pénales et de rééducation. Pourtant, la philosophie de la JR préconise un programme bien plus ambitieux. Dans sa version « maximaliste », la JR tend vers un renversement de l'approche traditionnelle et l'application d'un autre paradigme dans la réponse publique à la délinquance.

Les thèmes essentiels de la justice restaurative[205]

Dans une forme moderne, l'idée de réparation après la commission d'un délit a été alimentée par plusieurs tendances,

---

[204] Voir par exemple, les Recommandations du Conseil de l'Europe en 1999, ou le « *Draft Elements of Basic Principles on the Use of Restorative Justice Programmes in Criminal Matters* », approuvé par *the United Nations Commission on Crime Prevention and Criminal Justice*, réunie à Vienne, avril 2000.

[205] Il n'existe, à ma connaissance, pas une dénomination prédominante en français. Je retrouve « justice restauratrice », « justice réparatrice » et d'autres. Je me servirai ici de « justice restaurative », parce que ce terme se rapproche le plus de la dénomination en anglais, *restorative justice*.

dont les mouvements des victimes, les logiques « communautaristes » et l'abolitionnisme sont les plus importantes. Toutes ces tendances convergent autour d'une conception de *restorative justice*, ou en français, la justice restaurative[206].

S'il n'y a pas de consensus général sur ce qu'il faut comprendre par *restorative justice*[207], je l'ai définie comme « une optique sur la façon de faire justice, qui s'oriente en priorité vers la réparation des dommages, des souffrances et de la perturbation sociale, causés par un délit[208] ».

Cette définition soulève trois thèmes. (1) Qu'est-ce que les souffrances et dommages ? (2) Comment peut-on réparer ? et (3) Comment faire justice ?

Les souffrances et dommages

En principe, tous les préjudices résultant du délit peuvent faire l'objet de l'intervention restaurative. La JR n'envisage pas seulement les pertes et souffrances individuelles des victimes, mais aussi les dommages causés au délinquant lui-même (comme par exemple, le rejet social provoqué par son délit) et les dommages au niveau collectif, comme l'augmentation des sentiments d'insécurité ou la diminution de la confiance en les autorités.

Il faut souligner cependant que la réparation envisagée se limite aux préjudices causés par le délit et ne s'adresse pas prioritairement aux causes de la délinquance. On sait que l'exclusion sociale et le manque de perspectives qui s'ensuit sont à la base de beaucoup de délinquance (des jeunes). Il est très important d'essayer d'y remédier, mais ce n'est pas

---

[206] J. Faget, *La Médiation : essai de politique pénale*, Ramonville Saint Agnes , Éd. érès, 1997.

D. Van Ness et K. Heetderks Strong, *Restoring Justice. An Introduction to Restorative Justice*, Cincinnati: Anderson (3rd), 2006.

L. Walgrave, *Restorative Justice, Self-Interest and Responsible Citizenship*, Cullompton, Willan Publishing, 2008.

[207] P. McCold, "Restorative justice: variations on a theme", dans L. Walgrave (dir.), *Restorative Justice for Juveniles: Potentialities, Risks and Problems*, Leuven, Leuven University Press, 1998, p. 19-53.

[208] Traduction de L. Walgrave, *op. cit.*, p. 21.

nécessairement la mission prioritaire de la justice. Toute institution sociale ne peut pas résoudre tout problème social. Corriger l'exclusion sociale doit faire l'objet des politiques économiques, sociales et urbaines, de l'enseignement, de la culture et de la prévention. La justice est une institution spécialisée dans la réaction publique à un délit concret et la JR formule une piste particulière sur la façon dont cette réaction publique devrait prendre forme. Elle ne préconise pas une justice thérapeutique ou de rééducation.

Je comprends que cette position est sensible dans le milieu de la justice des mineurs. Je reviendrai sur ce thème plus loin dans ce chapitre.

Contrairement à la justice traditionnelle, la JR considère le problème posé par un délit prioritairement sous l'angle des détriments causés et non pas sous l'angle de la transgression d'une norme sociojuridique ni celui des besoins du délinquant. Les premières questions posées dans la perspective restaurative sont : quels sont les dommages causés et comment les réparer ? Et non pas, à quel type de sanction faut-il soumettre le délinquant ? La JR se présente comme un autre paradigme[209].

Dans ce paradigme, la victime se retrouve au centre de la réponse à la délinquance. Même, la JR peut fonctionner en l'absence du délinquant. Si les souffrances et dommages sont connus, des organismes d'assistance aux victimes peuvent opérer aussi lorsque le délinquant n'est pas connu, ou n'a pas été arrêté. Dans cette optique, ces organismes ne devraient pas se trouver en marge du système judiciaire, mais en première ligne.

Ceci n'empêche pas que la responsabilisation de l'acteur du délit reste cruciale, mais son importance se mesure par ses effets sur la qualité de la restauration en vue. La contribution du délinquant lui-même à l'action réparatrice augmentera significativement le calibre restaurateur, surtout si l'on arrive à le motiver pour coopérer plus ou moins volontairement. Le sentiment d'être restauré sera plus intensif chez la victime, le public sera plus rassuré et plus apaisé.

---

[209] H. Zehr, *Changing Lenses. A New Focus for Crime and Justice*, Scottsdale (PA), Herald, 1990.

Réparer

Les formes d'action à caractère restauratif sont multiples, comme la restitution, la compensation, la réparation, la réconciliation, les excuses, etc. Elles peuvent être directes ou indirectes, concrètes ou symboliques.

La réparation/compensation des victimes et le travail d'intérêt général se présentent comme des archétypes avec de multiples variantes. La motivation du délinquant est capitale. En effet, on comprend aisément que la valeur restaurative d'une compensation est plus élevée si le délinquant accepte plus ou moins librement de le faire, parce qu'il comprend sa responsabilité pour les maux causés par sa conduite, que s'il ne s'y résigne que pour éviter des ennuis futurs.

C'est la raison principale pour laquelle l'on préfère si possible la mise en place d'un processus délibératif. Ce processus essaie de créer un espace de respect et de soutien en vue d'échanges libres et informels de négociation entre les victimisés et celui qui a commis le délit. On connaît la médiation, directe ou indirecte, individuelle ou soutenue par les intimes. Une autre pratique qui se répand très vite se base sur la « *family group conference* » néo-zélandaise[210]. Ces processus informels impliquent intensément ceux qui sont directement concernés, ce qui favorise l'authenticité de la précision des dommages et souffrances vécus, et entraîne l'engagement personnel dans les actions réparatrices ou compensatrices.

Cependant, un tel processus ne réussit pas toujours. Sur ce point, un désaccord se manifeste : faut-il accepter ou non des procédures plus ou moins coercitives (et judiciaires) sous l'angle restauratif ? La réponse n'est pas la même pour les « diversionistes » et les « maximalistes » dans la JR. Cette discussion sera décrite dans une section suivante.

---

[210] I. Vanfraechem et L. Walgrave, « Les conférences de groupe familial (Family Group Conferences) », *Les Cahiers de la Justice*, Printemps 2006, p. 153-174.

Faire justice

D'une part, la notion de justice signifie une conception morale, le fait d'être juste, équitable, honnête. C'est ainsi que la justice pénale est supposée rectifier les injustices commises, par l'imposition d'une souffrance équivalente à la gravité du délit. La JR, par contre, cherche à rectifier l'injustice commise par l'obligation au délinquant de corriger ou compenser. Dans les deux approches, l'ambition est de réaliser le sentiment que « justice a été faite ».

D'autre part, la notion de justice se réfère à la légalité. Toute intervention doit se dérouler selon des règles procédurales, tout citoyen a des droits et des obligations à respecter. Ceci vaut même dans les médiations volontaires. La participation à la médiation ne s'impose pas, les accords doivent être acceptés librement et doivent être raisonnables par rapport à la gravité des préjudices et aux capacités des parties. Si une procédure coercitive est entamée, toutes les garanties légales sont à observer. Pour assurer cela, le système judiciaire doit maintenir son rôle de sauvegarde des droits civiques[211].

Si la justice traditionnelle reste presque toujours inscrite dans les règles de droit, elle échoue souvent à réaliser le sentiment que justice soit faite chez les victimes et les transgresseurs. C'est l'ambition de la justice restauratrice de faire coïncider davantage ces deux notions de justice.

[211] Il est vrai que beaucoup de « restaurativistes » se sont tournés vers la justice restaurative par insatisfaction de la justice pénale actuelle. Certains ont tendance à exclure toute intervention étatique dans un processus qu'ils considèrent comme étant d'ordre purement relationnel. Mais, même si les critiques sur le système en vigueur sont justifiées, cela ne doit pas aboutir à un rejet du judiciaire, mais en une reformulation de ses fonctions. Sinon, les pratiques restauratives risqueraient de devenir elles-mêmes parfois très injustes. Elles pourraient constituer une « sous-justice » (Faget, *op. cit.*, 1997, p. 158).

Commentaires

Tendances « diversionniste » et « maximaliste »

Les points de discussion mentionnés témoignent d'une différence de vision sur le développement de la JR.
Les « diversionnistes » voient la JR comme une voie alternative, une possibilité additionnelle aux réponses judiciaires traditionnelles[212]. Ils cherchent à retirer le plus possible de cas de la procédure pénale traditionnelle en développant des méthodes pour en élargir la portée, et en essayant de convaincre les autorités judiciaires de s'orienter le plus souvent vers les processus restauratifs. Mais si la négociation n'est pas possible ou n'aboutit pas, les diversionnistes cèdent la place à la justice traditionnelle. Le système pénal reste hors de leurs réflexions, et ils s'inscrivent dans l'approche punitive si une intervention judiciaire s'impose.
L'ambition des « maximalistes » va plus loin[213]. Comme les diversionnistes, ils privilégient les délibérations volontaires (ou sous pression sociale), mais si celles-ci ne s'avèrent pas réalisables ou souhaitables, les maximalistes envisagent des sanctions judiciaires qui devraient elles aussi se situer dans la perspective de réparation, au profit de la victime, de la communauté locale ou de l'intérêt public. Des sanctions possibles sont par exemple la restitution ou compensation, l'amende à verser au bénéfice d'une œuvre sociale ou d'un fonds de victimes, le travail d'intérêt général. En cas de risques sérieux de re-victimisation grave, ou de refus de coopération flagrant et permanent, le placement dans un établissement fermé est envisageable, à l'intérieur duquel des initiatives restauratives peuvent s'organiser. Il est évident que le calibre restaurateur de ces sanctions sera moins élevé que les délibérations et accords volontaires, mais elles sont néanmoins

[212] Voir par exemple, C. Hoyle, "The case for restorative justice" dans C. Cunneen & C. Hoyle, *Debating Restorative Justice*, Oxford, Hart, 2010, p. 1-100.
[213] H. Zehr, *op. cit.*; D. Van Ness & K. Heetderks Strong, *Restoring Justice. An Introduction to Restorative Justice*, Cincinnati: Anderson (3rd), 2006 ; L. Walgrave, *op. cit.*

préférables aux sanctions ou mesures traditionnelles. Dans l'optique maximaliste de la JR, la dimension restaurative pénètre donc dans la justice criminelle.

Cette optique est soutenue par deux arguments principaux. Primo, la version diversionniste exclut de fait une grande partie des victimes de l'offre restaurative, parce que « leur » délinquant refuse de coopérer, ou parce que la justice n'adresserait pas les cas considérés comme graves. Les victimes des délits les plus sérieux seraient donc exclues de la restauration, alors qu'elles en ont le plus besoin.
Secundo, la JR ne peut pas limiter son ambition à rester un « addendum » aux systèmes traditionnels, parce que ces systèmes eux-mêmes ne satisfont pas. Les théories du droit pénal n'expliquent pas suffisamment pourquoi la punition (pénale) serait une exception à la règle éthique générale qui rejette l'infliction consciente de la souffrance à une autre personne. De plus, la recherche empirique démontre que la justice pénale n'atteint pas les objectifs affichés[214].
Une alternative plus complète s'impose. Comme nous le verrons plus loin dans ce chapitre, les expériences sur le terrain et les recherches évaluatives démontrent l'applicabilité de la JR, même pour des cas très graves. Une littérature théorique, socio-éthique et juridique de plus en plus riche développe un cadre normatif graduellement plus cohérent. La JR est une tendance mondiale gagnant en force et en importance.

La priorité n'égale pas le monopole

La définition mentionnée ci-dessus parle de « priorité » et non pas d'exclusivité. La JR n'a pas la réponse à tous les cas possibles de criminalité. Le droit pénal prévoit aussi des

[214] Il n'est pas possible de développer ce sujet ici (voir par exemple, Cario 2005, Walgrave 2008). Braithwaite caractérisait le droit pénal comme « *the most dysfunctional of the major institutional accomplishments of the Enlightment* » (Braithwaite, 2005, 283). Radbruch est d'avis que « *The best reform of penal justice consists of its replacement, not by a better penal law, but by something else* » (cité dans Tulkens, 1993, 493).

exceptions pour les mineurs et pour les malades mentaux. Je vois deux limites possibles aux potentiels de la JR[215].
L'implication active de celui qui a commis un délit dans une démarche restaurative suppose sa collaboration plus au moins volontaire. Parfois, ce n'est pas possible en raison du manque de maturité mentale (entre autres les jeunes enfants), ou au manque de capacités émotionnelles (comme chez certains psychopathes). Dans ces cas, il semble déraisonnable et parfois même périlleux de compter sur une contribution restauratrice de leur part. Ce qui n'exclut d'ailleurs pas que l'intervention publique devrait toujours s'efforcer à lénifier par priorité les souffrances et à compenser les dommages chez les victimes.

Du point de vue de la sécurité publique, il faut prendre en compte que, surtout après la commission de délits graves, un récidivisme éventuel pourrait faire de sérieuses victimisations. En plus, des réactions vindicatives de la part des victimes pourraient provoquer de nouveaux délits. Parfois donc, l'enfermement de celui qui a commis le délit peut s'imposer. Il peut être provisoire ou le résultat d'un jugement définitif. Mais sa justification ne se trouve pas dans la recherche d'une punition, mais dans la préservation de la sécurité publique. Et même l'enfermement n'empêche pas que des démarches soient entreprises à des fins de réparation.

La base socio-éthique

La priorité à la réparation au lieu de l'apriorisme punitif et le recours à la concertation entre les concernés pour minimiser l'intervention imposée, témoignent d'une autre philosophie sur la façon de gérer la vie en communauté[216]. En fait, l'optique restauratrice s'insère dans une intuition socio-éthique plus large, un désir de préserver ou d'améliorer la qualité des relations sociales et de la vie en communauté plus générale.

---

[215] L. Walgrave, *op. cit.*

[216] J. Braithwaite, *Restorative Justice and Responsive Regulation*, Oxford, Oxford University Press, 2002.
L. Walgrave, *op. cit.*

En criminologie, des évolutions dans d'autres domaines témoignent de cette même vision. Ainsi, le « *good lives model* » présente une approche particulière de la réhabilitation du délinquant[217]. Le point de départ est que la grande majorité des personnes impliquées dans une carrière de (petite) délinquance ne demandent pas mieux que d'être intégrées et respectées dans la vie sociale conforme, mais elles ne savent pas comment y parvenir. Il faut donc surtout activer cette motivation positive du délinquant et l'aider à trouver la voie vers la conformité. On aborde le délinquant comme un être humain en besoin plutôt que comme un risque.
Dans le domaine de la prévention, un nombre croissant de criminologues s'opposent à la prédominance défensive, obsédée par les risques. Au lieu de miser surtout sur le contrôle et la répression des groupes à risque, toute prévention doit se baser sur une politique de respect, de solidarité, d'inclusion, d'assistance et de (in)formation[218]. On croit que les groupes et individus plus émancipés vont engager leurs nouveaux potentiels de façon constructive.
Cette même confiance inspire aussi la JR. On croit que, si les conditions adéquates sont remplies, la majorité des victimes et des délinquants auront la volonté et la capacité de prendre leur sort en main et de rechercher des solutions constructives pour eux-mêmes et pour la vie sociale en général.

Dans toutes ces approches, la confiance en les citoyens est une présomption de base. Robert Putnam, un des sociologues les plus influents du moment, considère la confiance comme l'élément crucial du capital social. La confiance en les concitoyens et la confiance en les institutions sociales sont le lubrifiant essentiel pour faire fonctionner la machine démocratique aisément. Plus de confiance fait mieux fonctionner la démocratie. Le manque de confiance fait brouter

---

[217] T. Ward, S. Maruna, *Rehabilitation. Beyond the Risk Paradigm*, London/New York, Routledge, 2007.
[218] M. Schuilenberg, R. van Steden, B. Oude Breuil (dir.), *Positive Criminology. Reflections on Care, Belonging and Security*, The Hague, Eleven International Publishing, 2014.

le mécanisme de la délibération démocratique et nous replie dans des forteresses de méfiance mutuelle.
La « confiance en la confiance » n'est pas une optique socio-éthique neuve. On pourrait rappeler ici David Hume qui avançait la sympathie comme base de toute relation humaine, ou référer à des philosophes français comme Levinas qui voyait en « l'autre » une invitation à l'éthique, ou Derrida qui prônait l'hospitalité envers l'autre.
En plus, la pratique et la recherche évaluative montrent que cette confiance n'est pas naïve. Cela fonctionne, mais pas toujours. C'est pourquoi il faut maintenir en place une possibilité de contrôle et de coercition, à activer en dernier lieu, si tous les autres moyens d'inclusion et de délibération ont failli. Je répète : en dernier lieu, et non pas par priorité comme le fait la justice actuellement.

Le contexte juridique

Le droit et la justice restent donc indispensables. Au fur et à mesure que la JR gagne en crédibilité et pénètre les procédures, la question de l'encadrement de droit s'impose. Pour la JR maximaliste, prônant l'existence d'une justice criminelle orientée par priorité vers la réparation au lieu de la punition, la question de l'encadrement judiciaire est même essentielle. Ce n'est pas facile. Il faut combiner, d'une part, un espace garanti pour des rencontres et délibérations informelles, authentiques et confidentielles, indispensables pour des processus restauratifs significatifs, avec, d'autre part, un cadre formel et contrôlable, nécessaire pour l'insertion de la JR dans les principes d'un État de droit. C'est l'un des chantiers principaux du développement de la JR. On le constate dans les commentaires sur les législations diverses dans plusieurs pays[219] et par le nombre croissant de publications sur ce thème[220].

---

[219] D. Miers, I. Aertsen (dir.), *Regulating restorative justice. A comparative study of legislative provision in European countries*, Frankfurt : Verlag für Polizeiwissenschaften, 2012.

[220] J. Braithwaite, *Restorative Justice and Responsive Regulation*, Oxford: Oxford University Press, 2002 ; A. Von Hirsch, J. Roberts, A. Bottoms, K. Roach, M. Schiff (dir.), *Restorative Justice and Criminal Justice: Competing*

La question de base est de savoir si les garanties de droit dans un système restaurateur seraient identiques à celles du système pénal. S'il y a un certain nombre de similitudes (comme par exemple, des limites nettes à la tolérance sociale, la responsabilité de celui qui a commis le délit, et l'appel à la coercition s'il le faut), il y aura aussi des différences indiscutables : une procédure plus ouverte du point de vue des protagonistes directs, l'investigation visant aussi à définir les dommages causés et la disposition des parties à médier, l'espace prioritaire pour les délibérations restauratives, une sanction orientée vers la réparation et non pas vers l'infliction d'une souffrance. La JR est conçue sur la base d'un autre paradigme avec d'autres objectifs, d'autres procédures et modes de travail et avec partiellement d'autres acteurs. Est-ce que les garanties légales telles qu'elles ont été formulées pour la justice pénale restent ici inchangées ? Ne serait-ce pas comme si on voulait jouer du football avec les règles du basketball ? Ce qui reste néanmoins essentiel est de maintenir deux garanties de fond : (1) l'égalité de tous les citoyens devant la justice (2) et la protection contre l'abus de pouvoir par des concitoyens et par des institutions de l'État.

L'évaluation

La littérature offre une abondance d'études évaluatives des pratiques restauratives de tout type, effectuées partout dans le monde[221]. Malgré des lacunes méthodologiques et la diversité

---

or Reconcilable Paradigms, Oxford, Hart, 2003 ; K. Lauwaert, *Herstelrecht en procedurele rechtswaarborgen*, Antwerpen: Maklu, 2008 ; L. Walgrave, "Restorative justice and the law: socio-ethical and juridical foundations for a systemic approach" dans L. Walgrave (dir.), *Restorative Justice and the Law*, Cullompton (UK), Willan Publishing, 2002, p. 191-218 ; L. Walgrave, *Restorative Justice, Self-Interest and Responsible Citizenship*, Cullompton: Willan Publishing, 2008 ; J. Blad, J., D. Cornwell, M. Wright (dir.), *Civilising criminal justice: an international restorative agenda for penal reform,* Hook, Waterside Press, 2013.

[221] Voir par exemple, Bonta et al, *op. cit.* ; L. Sherman, H. Strang, *Restorative Justice: the Evidence*, London, Smith Institute, 2007 ; J. Shapland, A. Atkinson, H. Atkinson, J. Dignan, L. Edwards, J. Hibbert, M. Howes, J. Johnstone, G. Robinson, S. Sorsby, *Does restorative justice affect*

des pratiques explorées, la conclusion générale – mais provisoire – est que la piste restaurative s'avère très prometteuse.

Dans presque tous les projets, une majorité des victimes sont disposées à collaborer dans une forme de médiation ou de concertation. La variation ne dépend qu'en partie de la gravité et du type du délit, elle dépend surtout de la façon dont l'invitation a été proposée. La majorité des délibérations aboutissent à un accord, mais certains projets ne l'atteignent pas, ce qui dépend entre autres de la sélection des cas. On signale une exécution correcte ou satisfaisante très élevée des accords convenus.

Des comparaisons entre les victimes ayant participé à une médiation ou à une « conférence restauratrice » et celles qui n'y ont pas participé montrent une satisfaction significativement plus élevée chez les premières en termes d'équité, de sentiment de respect et de soutien émotionnel. Ceci est vrai même dans les cas où un accord n'a pas été trouvé. Les victimes apprécient surtout les opportunités communicatives, beaucoup plus que les compensations matérielles.

Les délinquants, pour leur part, se sentent traités plus correctement et comprennent mieux le sens de la sanction ou de l'obligation. Le récidivisme tend à diminuer, quoique pas toujours de façon très significative. Nous y reviendrons dans la section suivante.

Encouragées par ces expériences et ces résultats, les pratiques diverses s'élargissent de plus en plus. On les applique aussi pour des crimes très graves qui ont causé des dommages et souffrances fatales, avec des parties qui s'opposent initialement de manière très hostile. Des variations de médiation s'appliquent même dans les prisons, entre des meurtriers et les

---

reconviction? The 4th report from the evaluation of three schemes, London, Ministry of Justice, 2008 ; I. Vanfraechem, I Aertsen, J. Willemsens (dir.), *Restorative Justice Realities. Empirical research in a European context*, Den Haag: Eleven International Publishing, 2010 ; L. Walgrave, "Investigating the potentials of restorative justice practice", *Washington University Journal of Law & Policy*, 2011, 36, p. 91-139.

proches des victimes[222]. En Nouvelle-Zélande, le tribunal de la jeunesse n'impose pas de sanctions sans l'essai préliminaire d'une conférence restauratrice. Tous les délits des mineurs y sont donc traités selon une perspective restauratrice[223]. Cette pratique existante depuis 1989 n'a pas entraîné une croissance de la délinquance juvénile, bien au contraire[224].
Des recherches interrogeant une partie du public constatent un degré très significatif de sympathie pour l'approche restauratrice[225]. Bien sûr, il y a des nuances qui vont de pair avec la gravité des délits, mais une majorité des répondants préfèrent des réactions orientées vers la réparation, au détriment de réactions punitives, surtout pour les mineurs. Il faut en fait s'étonner de cette tendance, si l'on se rend compte de l'évidence avec laquelle la réponse punitive est présentée dans les médias, par le corps judiciaire et par le monde politique, et du manque d'information sur les potentialités de la JR dans le public.

Une conclusion provisoire s'impose. Sur la base des données disponibles pour l'instant, la JR s'avère être une optique bien plus réaliste et plus largement faisable, que l'on ne semblait le croire. Si on leur offre cette possibilité et on les accompagne bien, la majorité des victimes et des délinquants se rencontrent et ils arrivent à se mettre d'accord sur ce qu'il faut mettre en place en vue de la restauration. En plus, l'optique restaurative ne va pas à l'encontre de l'intérêt public en termes d'ordre public, de droit et de sécurité. La population semble la préférer, ou au moins l'accepter. Cependant, il s'agit jusqu'à maintenant presque toujours de pratiques restreintes, mises en place dans

---

222 M. Umbreit, B. Vos, R. Coates et K. Brown, *Facing Violence*, Monsey (NY): Criminal Justice Press, 2003.

223 Les seules exceptions sont les délits de vie, qui sont soumis aux procédures pour adultes.

224 G. Maxwell, V. Kingi, J. Robertson, A. Morris et C. Cunningham, *Achieving Effective Outcomes in Youth Justice*, Wellington, Ministery of Social Development, 2004.

225 Par exemple, J. Roberts, M. Hough, "Public Attitudes to punishment: the context" dans J. Roberts et M. Hough (dir.), *Changing attitudes to punishment. Public opinion, crime and justice*, Cullompton (UK), Willan Publishing, 2002, p. 1-14.

des conditions souvent privilégiées. La question reste à savoir ce qui arriverait si la JR dépassait ses années « lune de miel », et devenait une pratique quotidienne, routinière.

La JR et la réhabilitation du jeune délinquant

L'orientation rééducative dans la justice des mineurs est une ambition noble du point de vue humain et social, et on pourrait craindre que la JR refoule cette ambition vers le second plan. Ce n'est pas le cas. La poursuite de la réparation des dommages et souffrances causés par le délit n'entrave pas la réhabilitation de celui qui a commis le délit.

Le récidivisme est une indication importante de la réhabilitation. C'est un thème très exploré dans la littérature sur la JR et les résultats sont nuancés. Je dois me limiter à quelques indications ici. En général, les processus restauratifs ont un impact favorable sur le récidivisme, mais les différences ne sont pas toujours flagrantes. Hormis deux projets[226], aucune évaluation ne mentionne une croissance du récidivisme. Bonta et ses collègues ont fait une revue de 39 évaluations de programmes restauratifs[227]. La comparaison de ces programmes avec les interventions judiciaires traditionnelles, punitives et rééducatives, montre un récidivisme en baisse de 7%. Les programmes évalués après 1996 produisaient des diminutions de 10% et plus, ce qui est interprété comme l'indication d'une amélioration de la qualité technique de ces processus. Il est important de noter que les programmes visant la délinquance violente et grave obtenaient de meilleurs résultats que ceux qui s'adressaient à la délinquance bénigne. Sherman et Strang, ainsi que Hayes ont trouvé ces mêmes résultats[228]. C'est assez

---

226 À Bethléem (Pennsylvania) et à Canberra, des conférences restauratives étaient modérées par des policiers. Ils constataient une légère croissance du récidivisme chez les jeunes de minorités ethniques, ce qui s'explique par la mauvaise relation entre la communauté ethnique et le corps policier.

227 Bonta et al., *op. cit.*

228 L. Sherman, H. Strang, *op. cit.* ; H. Hayes, Assessing reoffending in restorative justice conferences. Forthcoming, dans *Australian and New Zealand Journal of Criminology*, 2004.

paradoxal quand on sait que beaucoup de pratiques préservent les processus restauratifs pour la délinquance moins grave.

Cependant, plus important encore que le fait d'avoir une médiation ou une conférence restaurative, sont les expériences et perspectives sociales du jeune, la qualité intrinsèque de la façon dont la rencontre a été mise en place et modérée, et, surtout, le suivi après la rencontre[229]. La qualité du suivi psycho-social après la rencontre semble cruciale. Ce n'est pas étonnant, après tout. Il serait un peu naïf, en effet, de croire qu'un seul évènement de deux à trois heures pourrait renverser complètement un mode de vie qui va parfois déjà mal depuis la naissance. Mais la médiation/conférence peut stimuler chez le jeune et sa famille la conscience que les choses vont vraiment mal et qu'il faut agir. C'est ce qui a amené Bonta et ses collègues à conclure que « même si ce n'est pas le rôle des modérateurs de faire un traitement, ils devraient comprendre le besoin de traitement […] et faire les renvois pour le traitement adéquat » (trad. de Bonta et al. 2006, p. 117).

Plusieurs théories ont été proposées (et partiellement testées) pour expliquer les effets de la conférence restaurative. La théorie de *reintegrative shaming*[230] situe la « honte réintégrative » au centre d'une séquence de plusieurs émotions. Cette théorie a été complétée par la *procedural justice theory*[231] (la théorie de justice procédurale), suivant l'hypothèse selon laquelle plus le délinquant a le sentiment que la réaction sur son acte est correcte et juste, plus il s'identifiera avec les sanctions et mesures imposées.

---

229 H. Hayes et K. Daly, "Youth Justice Conferencing and Reoffending", *Justice Quarterly* 20 (4), 2003, p. 725-764 ; G. Maxwell et al., *op. cit.*

230 J. Braithwaite, *Crime, Shame and Reintegration*, Cambridge: Cambridge University Press, 1989 ; J. Faget, "Reintegrative shaming'. À propos de la théorie de John Braithwaite », *Les cahiers de la justice,* 2006, 1, p. 59-70.

231 T. Tyler, *Why People Obey the Law*. New Haven, Yale University Press, 1990.

La *interaction rituals theory*[232] explique l'intensité des émotions qui accompagnent ces rencontres, ce qui entraîne un impact plus profond sur les participants. Un intérêt croissant va vers le *good lives model.* Ce modèle considère la motivation du délinquant comme le facteur crucial vers une voie de réhabilitation[233]. Dans ce sens, l'opportunité offerte au délinquant de réparer le tort qu'il a causé ouvre la voie vers la ré-acceptation sociale, ce qui peut signifier un encouragement et une motivation pour continuer à tendre vers une vie intégrée dans la société conforme[234].

Ces effets peuvent jouer sur trois niveaux. Le climat de respect et de soutien d'une rencontre peut avoir un impact profond. C'est une occasion pour le jeune de quitter sa position défensive et de s'ouvrir à la confrontation directe et personnelle avec la souffrance de la victime. Il comprendra mieux le mal qu'il/elle a fait et le sens de la norme.

Le geste restauratif de la part du délinquant peut arrêter la spirale négative dans laquelle beaucoup d'entre eux sont impliqués. Au lieu d'apparaître comme un criminel à punir ou à rééduquer, il se présente comme une personne digne de respect, comprenant le mal qu'il a fait et voulant réparer ce qu'il faut. Cela augmente considérablement la possibilité qu'il soit apprécié et soutenu par les autres, ce qui peut ouvrir la voie vers la (ré)insertion sociale.

Finalement, le climat de la rencontre favorise les participants à accepter leur vulnérabilité. Il est plus facile pour le jeune et sa famille de réaliser et d'avouer que les choses vont vraiment mal et que quelque chose doit être fait. Ils accepteront plus aisément l'assistance ou un traitement. Ceci est plus difficile à faire si l'assistance est imposée. Beaucoup de juges des enfants et d'éducateurs constatent quotidiennement qu'une telle obligation est perçue comme une intrusion et provoque de la résistance.

---

232 R. Collins, *Interactional ritual change*, Princeton, Princeton University Press, 2004.

233 T. Ward et S. Maruna, *op. cit.*

234 T. Ward, T., K. Fox et M. Garber, "Restorative justice, offender rehabilitation and desistance", *Restorative Justice. An International Journal*, 2014, 2 (1), p. 24-42.

Conclusion

La JR montre une piste très prometteuse pour les victimes, pour ceux qui ont commis un délit et pour la paix sociale. Elle semble aussi être la piste à suivre pour éviter que la responsabilisation des adolescents ne soit entraînée dans le sillage du populisme pénal de nos jours. Il faut donc s'assurer que l'évolution – inévitable – vers davantage de responsabilité et une meilleure protection des droits restent sur une voie positive et constructive. La justice restaurative peut et doit servir de boussole pour guider la réforme de la justice pour mineurs dans cette direction. Cependant, cet optimisme repose pour l'instant sur des expériences relativement réduites et sur des recherches évaluatives qui manquent parfois de rigueur méthodologique. Il faut donc continuer l'extension de la pratique restaurative en largeur et en profondeur, avec un suivi soigné de la méthodologie des pratiques et des évaluations scientifiques.

Si cela se déroule bien, je pense que l'avenir de la justice des mineurs sera un modèle à trois voies.

(1) La majorité des enfants et adolescents seront traités selon les principes de justice restaurative. Ils seront considérés comme étant capables de prendre leurs responsabilités et seront invités (éventuellement et, si nécessaire, de manière coercitive) à coopérer dans un processus restauratif volontaire ou ils seront soumis à des sanctions judiciaires réparatrices.

(2) Les enfants et adolescents qui, en raison de leur âge ou de leur incapacité mentale, sont jugés n'avoir qu'un faible niveau de responsabilité relèveront des institutions de traitement ou de rééducation. Ces institutions sont situées en dehors du système judiciaire mais pourront éventuellement agir sous sa supervision.

(3) Les adolescents auteurs d'infractions graves qui en outre présentent un risque élevé de récidive se verront attribuer des sanctions qui combinent une logique de neutralisation et de punition.

Néanmoins, même pour les deux dernières voies d'action, l'attention à la souffrance et aux dommages faits aux victimes devrait rester primordiale, tout comme la réflexion sur les possibilités d'implication de l'auteur de l'infraction dans des actions réparatrices.

La justice des mineurs en Angleterre

Jean-Gilles Raymond
Juge à la cour d'immigration et d'asile, Londres

Mon propos est celui d'une personne qui a exercé, en Angleterre pendant vingt-quatre ans, la profession d'avocat (barrister) en droit pénal et dans d'autres champs du droit. J'occupe à présent, depuis quatorze ans, les fonctions de juge dans le domaine du droit des étrangers et des demandeurs d'asile à l'*Immigration & Asylum Chamber* de Londres.
Je suis profondément touché d'avoir l'opportunité d'apporter une modeste contribution à ce colloque qui a lieu sous les auspices d'une institution qui porte ce nom avec lequel nous nous sommes tous familiarisés : l'École nationale de protection judiciaire de la jeunesse.

La « protection » de la jeunesse, ça s'apprend. Les premiers concernés sont les parents. Ils peuvent témoigner de nombreuses difficultés et de maintes erreurs commises en pratique, même s'ils ont parcouru des douzaines de guides parentaux.
La « protection judiciaire » de la jeunesse est d'autant plus complexe qu'elle requiert de la réflexion et de l'empathie à l'égard des mineurs délinquants de la part de tous les acteurs : le juge, le procureur, le policier, l'avocat, l'éducateur, le service de probation, les agents du système pénitentiaire : autant d'intervenants qui, au regard du caractère de la loi, génèrent un certain niveau d'impersonnalité.

Une École nationale de protection judiciaire de la jeunesse apporte alors une certaine vision de la situation de nos jeunes en difficultés, et l'obligation de protection que nous, la société, le *civis,* devrions avoir envers eux.
Le nom et la présence de cette institution, comme en témoigne ce colloque, m'a fait aussi mieux comprendre cette déclaration

très frappante de Didier Fassin tirée de son livre – *L'Ombre du Monde* – au sujet du système carcéral en France : « *Par un remarquable paradoxe, la prison, lieu de l'enfermement par excellence, est en France un espace ouvert à la recherche.* »

Je me rappelle aussi qu'au cœur de cette architecture que nous tentons de construire en Europe à travers un « *espace de liberté, de sécurité et de justice*[235]», nous avons introduit certaines normes minimales de procédure, portées non seulement par l'article 6 de la Convention européenne des droits de l'homme (CEDH), mais aussi par l'article 14 (4) du Pacte international relatif aux droits civils et politiques, en ces termes : « *La procédure applicable aux personnes qui ne sont pas encore majeures au regard de la loi pénale tiendra compte de leur âge et de l'intérêt que présente leur rééducation.* »

Plus largement, je me demande si ce n'est pas parce que je suis, en tant que magistrat britannique, aux prises d'une évolution – et ce n'est pas une exagération de le dire je pense – qui a profondément atteint, remis en question la confiance habituelle – avec toutes les réserves que doivent nous apporter l'expérience de l'histoire pour tous les domaines d'activité humaine – que nous avions dans l'efficacité et l'intégrité du système judiciaire pour lequel nous exerçons.
De quoi s'agit-il !? Un spectre sinistre et laid qui se promène à travers le paysage juridique de l'Angleterre et auquel le corps politique est intimement associé.

Pourquoi? Il semble que, pendant presque trois décennies, il y a eu de graves défaillances dans le système de justice anglais, qui concernaient des abus sexuels sur mineurs à travers le pays.
Enquêtes après enquêtes de la police, avec l'appui des services sociaux, les représentants du *director of public prosécution*[236] ont décidé de ne pas poursuivre les auteurs[237], alors que les

[235] Espaces développés par les traités de Maastricht, Amsterdam, Nice, Lisbonne.
[236] Synonyme du *Crown prosecution service.*
[237] Les auteurs sont inscrits dans des réseaux de pédophilie très sophistiqués dans plusieurs villes du Royaume.

qualificatifs pour ces infractions ne manquaient pas : *« sexual exploitation », « sexual grooming », « manœuvre de séduction », « tentatives de contact avec des enfants à des fins sexuelles ».*
Quelques exemples seulement à Rotherham entre 1997 et 2013, à Rochdale en 2008, à Oxford dont les auteurs ont été déclarés coupables en 2013[238]. Aussi, le cas de Sir Jimmy Saville (décédé avant que ne soit révélée la sordide réalité), vedette de télévision, est affligeant. Il avait, pendant trente ans, profité de sa position d'influence et de célébrité dans des programmes audiovisuels à destination de jeunes pour devenir un véritable prédateur, jusqu'à agir dans un hôpital pour déficients mentaux qui l'avait choisi comme bénévole et collecteur de fonds. Il prenait régulièrement son petit-déjeuner chez lui avec des policiers de la ville où il habitait dont on suppose qu'ils avaient camouflé les plaintes des victimes[239].
Un autre cas similaire est celui de Sir Rolf Harris, également vedette de télévision, maintenant en prison. L'une des problématiques qui est ressortie de ces affaires est que la majorité des hommes qui alimentaient ces réseaux de prédateurs étaient jeunes et originaires du Pakistan. Les services de police justifiaient l'absence d'enquête par la volonté de ne pas provoquer des accusations de racisme envers certaines communautés.
Voici quelques exemples, parmi d'autres, d'une défaillance systémique du système juridique britannique dans la défense de nos jeunes.
Néanmoins, l'inquiétude générale qu'ont suscitée ces affaires a abouti à une enquête judiciaire sans précédent, qui est actuellement en cours et qui ne donnera pas ses conclusions avant plusieurs années.

---

[238] http://www.bbc.com/news/uk-england-south-yorkshire-28934963.

[239] Saville & Harris: http://plus.lefigaro.fr/tag/jimmy-savile; les députés (MPs)
Cyril Smith & Greville Jenner
http://www.theguardian.com/politics/cyrilsmith;
http://www.telegraph.co.uk/news/uknews/law-and-order/11694195/Lord-Greville-Janner-violated-raped-and-tortured-children-in-the-Houses-of-Parliament.html.

Pour la première fois dans l'histoire, un gouvernement britannique, répondant à un profond malaise et à un manque de confiance général parmi sa population, a été contraint de nommer un juge issu d'un pays de la Common law de l'autre bout du monde, la Nouvelle-Zélande, pour présider une commission d'enquête. Dans une autre situation de crise, un juge canadien, Peter Cory, avait été nommé pour présider une enquête sur les liens, en Irlande du Nord, entre des paramilitaires protestants et la police. Mais cette contribution ne présentait nullement l'envergure vraiment historique de la commission d'enquête que préside actuellement le juge Lowell Goddard[240].

Ce scandale des abus sexuels sur mineurs a conduit deux personnages au cœur de l'*establishment* britannique, à démissionner suite à leur nomination par le gouvernement pour diriger l'enquête judiciaire sur les défaillances du système juridique.

Précisément, Lady Butler-Schloss, juge très respectée du High Court et de la hiérarchie des cours d'appel, ainsi que la juriste Fiona Wolf, élève au House of Lords, ancienne présidente de la Law Society, et « lord Mayor » du « city of London », ont dû démissionné parce qu'elles étaient perçues comme les actrices centrales d'un système judiciaire qui a décidé à plusieurs reprises de ne pas poursuivre (certains disent « étouffer ») les membres de l'*establishment* impliqués dans des réseaux d'exploitation sexuelle des enfants.

Par ailleurs, le député libéral, Rochdale Cyril Smith, décédé en 2010, était accablé par des plaintes d'abus sexuels sur mineurs depuis les années 70. Il n'a jamais été inquiété.

Récemment, le procès de l'ancien député Labour, Lord Greville Janner, a ouvert pour exploitation sexuelle sur mineurs. Voici un aspect de l'accusation du procureur qui a troublé de nombreuses personnes jusqu'aux locaux du Parlement.

C'est sur les épaules du juge Lowell Goddard de la High Court de la Nouvelle-Zélande qu'incombe la responsabilité de présider la commission d'enquête. Je précise qu'il existe des

[240] http://www.bbc.com/news/uk-31130805 (février 2015)

commissions d'enquête comparables en cours (malheureusement) pour l'Irlande du Nord et pour l'Écosse.
Pourquoi ai-je fourni ces informations sur cette enquête du juge Lowell Goddard qui se déroule en Angleterre, et qui forme un vrai drame pour le système judiciaire anglais ? C'est parce que ma contribution s'inscrit dans les actes d'un colloque qui s'est tenu dans les locaux de l'ENPJJ. En adoptant une approche inhabituelle, j'insiste sur la condition fondamentale d'un fonctionnement juste et équitable que tout système de justice devrait présenter, notamment à travers l'importance de la Protection judiciaire de la jeunesse. Cette protection constitue même l'enjeu principal dans un état de droit, le « *litmus test* », dit-on en anglais[241], c'est-à-dire le *test décisif* pour évaluer la santé de n'importe quel système judiciaire.

Quelles que soient les conclusions de la commission d'enquête Lowell Goddard, une idée très claire ressort : le système judiciaire anglais a laissé tomber ceux qui comptent parmi les personnes les plus vulnérables. Il a baissé les yeux devant l'exploitation la plus cynique en raison de la minorité des victimes.
La quasi-totalité des victimes dans ces cas d'abus que je vous ai décrits proviennent de familles en difficultés, en situation de précarité, appartenant aux classes défavorisées surtout urbaines. Souvent, ces jeunes ont interrompu leurs études avant l'âge de seize ans, et appartiennent aussi trop souvent aux minorités ethniques, qui font partie de ces segments déjà les plus vulnérables de la société, fragilisée par une époque de graves difficultés économiques et d'accroissement des inégalités.
D'ailleurs, on retrouve essentiellement le même profil au sein de la jeunesse incarcérée, que ce soit en Angleterre, en France ou ailleurs.
Sans se faire d'illusions, la réalité nous amène à constater que de nombreux jeunes s'inscrivent dans un processus de délinquance et de criminalité qui produit de graves conséquences, non seulement pour leurs propres communautés, mais aussi pour la société en général. Ces actes justifient, à

[241] Au sens littéral, « la réaction du tournesol ».

l'égard de cette jeunesse, des réponses de prévention, de punition et même de rétribution, sachant que le milieu fermé est susceptible d'offrir une possibilité de réhabilitation et de réinsertion utile au sein de la société.
La vulnérabilité de la jeunesse s'appuie évidemment sur la précarité sociale, économique, familiale mais, aussi sur l'immaturité liée au manque d'expérience. Ces combinaisons rendent les jeunes plus sensibles aux influences néfastes autour d'eux puisqu'ils manquent de points de repère solides et stables dans leur environnement personnel et social.

En Angleterre, l'opinion a été marquée par le cas d'un garçon djihadiste de quatorze ans qui a été condamné à la prison à vie[242] pour avoir tenté d'encourager un autre djihadiste en Australie à commettre un acte terroriste au cours du « Anzac day »[243].
Il présentait le profil classique d'un jeune issu d'un milieu familial troublé, identifié par son école comme un sujet risquant de subir les pressions d'extrémistes religieux. Il avait été inscrit dans une école sécurisée proposant des programmes éducatifs destinés à le libérer de ce joug, mais restés sans effet. La question qui se pose est de savoir s'il lui sera possible de « revenir à lui-même » en prison[244].
Tous ces jeunes anglais suspectés d'actes terroristes ne présentent pas nécessairement le même profil. Une fille de seize ans, très heureuse dans son foyer, fidèle aux mœurs familiales, bonne élève, a été interceptée dans un avion turc alors qu'elle se rendait en Syrie. L'enquête a permis de révéler que ses parents étaient à l'origine d'une radicalisation poussée sur leur fille, mêlant le visionnage d'images et de vidéos choquantes (liées à la décapitation en particulier) et l'apprentissage d'un Islam fondamental très violent. Le juge chargé de cette affaire a ordonné que la fillette ne puisse plus résider avec sa famille,

[242] En réalité, il est possible qu'il soit libéré après cinq ans de détention s'il ne pose plus de danger pour la société.
[243] Jour de commémoration à la mémoire des disparus des deux guerres mondiales en Australie et en Nouvelle-Zélande.
[244] http://www.bbc.com/news/uk-34422309 "Could teenage jihadist have been saved from himself?"

alors qu'elle plaidait le placement sous surveillance électronique au domicile familial. La situation était tellement grave que le juge n'a pas hésité à comparer ce traitement des parents sur leur fille à une exploitation sexuelle[245].

Ce dernier exemple démontre l'utilité de la perspective d'un certain type d'exploitation des jeunes qui a abouti à la mise en place de la commission d'enquête Lowell Goddard en Angleterre. Elle a permis de rappeler l'obligation de protection de la jeunesse qui doit être au cœur, non seulement du régime de détention des jeunes, mais de n'importe quel système de prise en charge pénale.

Avant de faire l'esquisse de la façon dont la Common law, appliquée en droit pénal et dans la juridiction spécialisée dans laquelle j'officie en tant que juge, envisage l'obligation de protéger la jeunesse, quelques brèves observations s'imposent.

Mes propos sur les défaillances systémiques existantes dans la protection de notre jeunesse qui ont engendré la mise en place de la commission Lowell Goddard ne visent pas à dénigrer le système de justice anglais. Au contraire, notre système démocratique et de justice a reconnu qu'il y a eu des dysfonctionnements, analysés à la lumière d'avis de divers intérêts sur le sujet. Il a mis en place une réponse en toute transparence, sans restriction, des pistes à suivre pour la commission d'enquête établie par le gouvernement.

L'enquête est présidée d'une telle façon que la confiance en la nation sera rétablie à l'appui de conclusions qui seront le fruit d'une réflexion faite en toute indépendance, sans le moindre soupçon de blanchissement, que ce soit de l'*establishment* ou d'autres intérêts.

De plus, le *Director of public prosecution* a complètement revu sa « *guidance* »[246] pour les procureurs concernant les enquêtes et les poursuites judiciaires liées à l'infraction d'exploitation sexuelle sur mineurs. La police lui a emboîté le pas. Aussi, les

[245] http://www.bbc.com/news/uk-34019158 –''Radicalised'' schoolgirl must leave family home – judge'.

[246] Les guidances sont des « conseils » accessibles aux professionnels et au grand public.

autorités ont mis en place, au profit des *barristers* et des *solicitors*, des cours de déontologie et une meilleure formation dans la préparation des plaidoiries pour les cas d'exploitation sexuelle de mineurs.

Je tiens à préciser que le système de justice anglais a beaucoup d'atouts et de qualités.

2015 est l'année au cours de laquelle les pays de la Common law fêtent les 800 ans de la Magna Carta, cette grande charte des libertés fondamentales qui date de 1215, et qui proclame la protection du citoyen à travers l'accès à la justice en lui permettant notamment d'être jugé par ses concitoyens : la formule dit « *by the lawful judgement of his equals or by the law of the land* ». À présent, les juges et les jurys sont indépendants du pouvoir politique[247].

C'est aussi le pays de l'*Habeas Corpus*, cette procédure qui nous vient du Moyen-Âge quand elle protégeait la liberté des sujets du roi. Elle a été utilisée à l'époque moderne par les détenus de Guantánamo. Les « lettres de cachet » n'ont jamais été possibles en Angleterre, comme l'avait bien compris Voltaire, qui en avait été victime en France, et qui s'exila en Angleterre.

Nous habitons sur le continent européen, composé de peuples, de nations, d'histoires particulières. Deux guerres mondiales ont marqué les générations à travers d'horribles évènements : l'extermination de six millions de juifs pendant la seconde guerre mondiale, mais aussi 20 millions de morts en Russie, peut-être 50 millions à travers le monde, et de flux massifs de réfugiés à travers l'Europe après 1945. Tout cela a abouti à la naissance d'importantes conventions, dont celle de 1951 sur les réfugiés, que j'utilise quotidiennement pour les dossiers que je dois juger après un refus d'octroi d'asile par le ministre de l'Intérieur. Nous portons tous le risque qu'un voile tombe sur

---

[247] L'article 39 de la Magna Carta dispose: *"No free man shall be taken or imprisoned, or dispossessed or outlawed or exiled or in any way ruined, nor will we go or send against him except by the lawful judgement of his peers or by the law of the land".*

notre intelligence morale face à la complexité et aux difficultés de la vie.
Je dois me rappeler que nous sommes aussi vulnérables et susceptibles, nous les juges, procureurs, avocats, policiers, éducateurs, surveillants pénitentiaires, d'être exploités par nos idées reçues, nos pressions professionnelles, nos habitudes qui peuvent conduire à un manque de réflexion et d'analyse, en plus des failles qui peuvent émaner d'une formation et d'une expérience professionnelle trop étroite : d'où la grande importance de ce colloque !

Les grandes orientations de la Common Law

Nous arrivons maintenant aux grandes lignes de l'approche de la Common law en Angleterre sur la justice juvénile.
Les dispositions du droit (*provisions*) relatives aux mineurs sont éparpillées à travers plusieurs actes – on retient principalement le *Children and young persons Act 1933* (s37-Cypa), le *Crime and disorder Act* 1998 (s44-CDA) et le *Criminal justice Act* 2003 (s142A-CJA).
Les principes directeurs (*guiding principles*) sont :
1- la prévention de la délinquance (il est nécessaire de détourner les enfants du chemin de la récidive le plus tôt possible);
2- le bien-être (« *welfare* ») du jeune concerné ;
3- pour ce qui concerne la peine :
 (i) la réforme et la réhabilitation du jeune ;
 (ii) la protection de l'ordre public ;
 (iii) la réparation des torts causés aux victimes ou à la collectivité.

Le CDA s.39 exige que chaque collectivité puisse avoir une équipe chargée des jeunes contrevenants (*Youth offending team)* qui est composée d'un conseiller de probation, d'une assistante sociale qui travaille avec les jeunes, d'un policier, d'une personne désignée par les responsables de la santé publique de la localité et enfin d'un éducateur de rue.
Il y a une *guidance* (orientations stratégiques) du *Crown Prosecution Service* (CPS) sur les poursuites pénales à l'encontre de mineurs, qui donnent au procureur une marge de

manœuvre importante. Mais, ces poursuites sont susceptibles d'être soumises à une révision judiciaire respectant une procédure similaire à celle du tribunal administratif français.

Le jeune doit d'abord comparaître devant une *Youth Court* (Tribunal de la Jeunesse), sauf s'il n'est pas possible de le dissocier d'un dossier où il est mêlé à des co-auteurs ou complices majeurs. Dans ce cas, la compétence appartient au tribunal d'instance (*Magistrates Court)* ou à la cour d'assises (*Crown Court*).

En pratique, le jeune délinquant a plus de chance d'obtenir une mise en liberté provisoire qui sera généralement motivée par la prise en compte de son bien-être (*welfare).*

Chaque arrondissement judiciaire (*local justice area)* doit avoir un *Youth Panel* (comité consultatif) pour la bonne gérance de la *Youth Court.*

Concernant l'audience, la composition de la *Youth Court* peut varier :

Soit un juge des enfants unique (*District Judge*) ou trois *juges laïques* – dont une femme – avec un greffier (*court clerk*) qui possède une formation de juriste.

Le public est exclu de l'audience, sauf si elle se tient devant les *Magistrates Court* ou la *Crown Court*. Cependant, des restrictions médiatiques sont souvent prévues.

Si le jeune à moins de seize ans, un parent ou une personne *in loco parentis* (*the guardian*) doit toujours être présent auprès de lui. Si le jeune est âgé de plus de seize ans, le tribunal fait preuve de discrétion à son égard.

Le vocabulaire est adapté et n'est donc pas le même que pour un adulte : « *conviction* » (condamnation) devient « *finding of guilt* » (verdict ou déclaration de culpabilité), le mot « *sentence* » (peine) devient « *order made on a finding of guilt* » (ordre fait sur une découverte de culpabilité).

Pour certaines accusations graves (principalement l'homicide volontaire et involontaire, utilisation d'une arme, violence sexuelle ou toute infraction pour laquelle le jeune encourt une peine de prison de quatorze ans minimum), le jeune doit comparaître devant la *Crown Court*.

Le jeune n'a donc pas le choix de comparaître devant les Assises. Il peut y avoir un débat devant les magistrats de la *Youth Court* autour de l'accumulation des infractions qui conduit à une comparution devant la *Crown Court*.
Il se peut qu'après la déclaration de culpabilité, le tribunal se rende compte qu'il n'a pas suffisamment de pouvoir pour imposer une peine plus lourde. Dans ce cas, le jeune est envoyé devant la *Crown Court*. Je précise que la *Youth Court* ne peut imposer, en matière de privation de liberté, qu'un « *detention and training order* » (mesure de rétention et de formation) pour une durée maximale de 24 mois (12 mois ferme et 12 mois obligatoirement sous surveillance).

La Cour européenne des droits de l'homme, dans son jugement *V c/ Royaume-Uni* (2000) 30 EHRR 121, a critiqué le manque d'adaptation des conditions de l'audience devant la *Crown Court* concernant deux enfants.
Âgés de onze ans, ils étaient accusés de meurtre. Un des enfants qui souffrait de troubles de stress post-traumatique (PTSD) n'avait pas été suivi par un psychiatre alors que cet accompagnement lui aurait permis de mieux se préparer à l'audience avec son avocat. Pour ces raisons, la Cour européenne a jugé qu'il n'y avait pas eu de procès équitable (*fair trial*).
Suite à cette condamnation, le Royaume-Uni a procédé à quelques modifications de la procédure pénale : présence d'un parent assis à côté de l'accusé, les juges et les avocats ne portent pas leurs robes et leurs perruques, des pauses fréquentes sont prévues au regard des capacités de concentration d'un enfant.
En plus des « *detention & training order* », comme ordre prononcé après une déclaration de culpabilité, le tribunal peut imposer des mesures adaptées : des « *youth rehabilitation orders* » (ordre de réadaptation/réhabilitation des jeunes) ; des « *fines* » (amendes) ; des « *reparation orders* » (ordre de réparation) ; des « *absolute or conditional discharges* » (l'absolution inconditionnelle ou sous condition) ; des « *compensation order* » (ordre de compensation/rémunération).

De plus, certains ordres peuvent être prononcés contre les parents afin de les obliger à surveiller leur enfant. Il faut disposer de « *reports* » (rapports) sur l'enfant dans cette procédure. Si le jeune atteint la majorité avant qu'on lui impose l'ordre, il est perçu par le tribunal comme s'il était mineur.

Le *Anti-social Behaviour, Crime and Policing Act 2014 (ABCPA 2014)* a été introduit pour apporter une réponse à la *social disruption* (le comportement antisocial) dont les jeunes peuvent être la cause. Cette loi permet au juge de prononcer des ordres comme la « *civil injunction* » (injonction civile) qui interdit la présence du jeune sur un lieu déterminé ; et le *criminal behaviour order* (CBO) est possible après une déclaration de culpabilité.

Mais, il faut démontrer que le « *comportement anti-social* » ait englobé des éléments d'harcèlement, qu'il ait semé la panique; qu'il ait comme finalité la volonté de nuire à autrui (*harassment, alarm or distress*).

En Angleterre, les prisons pour les jeunes sont les *Young offenders institutions*.

Le cas des mineurs étrangers

Concernant le droit des étrangers, il existe une jurisprudence spécifique à l'égard des jeunes, en particulier dans le cas d'une demande d'asile déposée par un enfant seul (« *unaccompanied minor* »).

Le ministre de l'Intérieur a prévu des protocoles pour que l'enfant ait accès aux services sociaux, au *Refugee Council*, et l'accès à un avocat pour l'aider dans sa démarche.

Les entretiens ne sont pas menés par un *immigration officer* quelconque. Ils doivent être assurés par un agent du ministère spécialement formé dans la conduite des entrevues avec des enfants.

S'il existe un manquement en termes de garanties dans la procédure, le ministère se place en situation illégale pour non-respect des « *guidance* »[248]. Il existe aussi une ordonnance qui exige que le ministère accomplisse des efforts pour retrouver les

---

[248] R (on the application of Mlloja) v SSHD [2005] EWHC 2833.

traces de la famille du jeune dans son pays d'origine (« *tracing obligation* »).
L'âge de l'enfant peut se révéler être très problématique car souvent ces demandeurs d'asile n'ont pas de papiers pour justifier leur âge.
Un mineur admis peut plus facilement accéder à un logement convenable, à une scolarité et à des soins médicaux. En général, il bénéficie d'un titre de séjour temporaire jusqu'à sa majorité. Régulièrement, une personne âgée de 19 ans ou plus tente de se faire passer pour un mineur de 16 ans, dans le but d'obtenir ces avantages.
Le ministère se montre très attaché à la question de la recherche de l'âge véritable d'un jeune demandeur d'asile. La jurisprudence est d'ailleurs assez controversée sur cette problématique car on s'est aperçu que les expertises censées être scientifiques laissaient souvent une marge d'appréciation importante. Ainsi, les juges privilégient les rapports du « *social service* », considérés comme des sources d'informations plus fiables.
En effet, les « *social services* » sont réputés pour avoir le temps d'observer la personne concernée dans son milieu et de profiter d'une grande expérience en matière de travail avec les enfants. Le dernier mot revient naturellement au juge qui doit trancher sur la demande d'asile en prenant en compte la globalité des données recueillies. En cas de doute, le juge accorde à la personne le bénéfice du doute.
Concernant les mineurs, il est possible que l'enfant soit l'instrument (« *stalking horse* ») d'un adulte qui le manipule. Car, si l'enfant parvient à obtenir un titre de séjour permanent en tant que réfugié, il bénéficiera d'un droit au regroupement avec les membres de sa famille. Les juges doivent rechercher si l'enfant est l'objet de trafic ou de traite dans ce sens[249].

---

[249] Voir la Convention du Conseil de l'Europe sur la lutte contre la traite des êtres humains – article 4a: « *L'expression « traite des êtres humains » désigne le recrutement, le transport, le transfert, l'hébergement ou l'accueil de personnes, par la menace ou le recours à la force ou d'autres formes de contrainte, par enlèvement, fraude, tromperie, abus d'autorité ou d'une situation de vulnérabilité, ou par l'offre ou l'acceptation de paiements ou*

Dans le droit des étrangers anglais, les représentants de l'État doivent toujours tenir compte des meilleurs intérêts (*the best interests*) d'un enfant dans leurs décisions le concernant.
L'article s55 du *Borders Citizenship and Immigration Act 2009* dispose que: « *The Secretary of State must make arrangements for ensuring that the functions mentioned in sub-section (2) are discharged having regard to the need to safeguard and promote the welfare of children who are in the United Kingdom* ».
Cette obligation provient de la Convention internationale relative aux droits de l'enfant, son article 3 (1) en particulier. Celui dispose que : « *Dans toutes les décisions qui concernent les enfants, qu'elles soient le fait des institutions publiques ou privées de protection sociale, des tribunaux, des autorités administratives ou des organes législatifs, l'intérêt supérieur de l'enfant doit être une considération primordiale.* »
La Cour Suprême d'Angleterre, dans son jugement de ZH (Tanzania) 2011 UKSC4, a fait ressortir l'importance de cette obligation pour les juridictions dont celle où j'occupe les fonctions de juge. Elle a aussi rappelé la portée de cette obligation pour les *Youth courts,* à travers la *Juvenile law*.
La Cour Suprême s'est référée à l'article 12 de la même Convention qui précise que : « *les États parties garantissent à l'enfant qui est capable de discernement le droit d'exprimer librement son opinion sur toute question l'intéressant, les opinions de l'enfant étant dûment prises en considération eu égard à son âge et à son degré de maturité. À cette fin, on donnera notamment à l'enfant la possibilité d'être entendu dans toute procédure judiciaire ou administrative l'intéressant, soit directement, soit par l'intermédiaire d'un représentant ou d'une organisation appropriée, de façon compatible avec les règles de procédure de la législation nationale* ».
Ces droits sont fondamentaux pour les mineurs, notamment ceux dont les parents vivent en situation clandestine. Si un mineur compte sept ans de résidence en Angleterre, ses parents

---

d'avantages pour obtenir le consentement d'une personne ayant autorité sur une autre aux fins d'exploitation ».
Article 4b : « *Le consentement d'une victime de la « traite d'êtres humains » à l'exploitation envisagée* [...] *est indifférent* [...] ».

sans papiers et les autres enfants de la famille, même majeurs, pourront bénéficier d'une régularisation. Mais, les meilleurs intérêts de l'enfant ne sont pas une « *trump card* » (carte maîtresse/un atout). Dans certaines situations, d'autres considérations suffisamment importantes peuvent peser contre la primauté des meilleurs intérêts de l'enfant.
Comme l'a observé le juge Lady Hale, dans le jugement ZH (paragraphe 33): « *Quand on entreprend une évaluation de la proportionnalité aux termes de l'article 8, les meilleurs intérêts de l'enfant doivent être la considération primordiale. Alors, on doit leur accorder la priorité. Il est possible, évidemment, qu'il y ait d'autres considérations qui cumulativement l'emportent sur eux. Dans l'espèce, les considérations compensatoires étaient la nécessité de maintenir des contrôles frontaliers avec fermeté et justice, associés avec l'historique d'immigration épouvantable de la mère et la précarité de sa position pendant la création de la vie familiale*[250] ».
Il incombe au juge de faire ce « *balancing exercise* » (la recherche d'un juste équilibre).
C'est avec cette pensée que je retiens, pour finir, la notion de protection de la jeunesse qui incarne l'œuvre noble de cette école où nous avons eu le privilège de participer à ce colloque.

---

250 Propos originaux: « *In making the proportionality assessment under article 8, the best interests of the child must be a primary consideration. This means that they must be considered first. They can, of course, be outweighed by the cumulative effect of other considerations. In this case, the countervailing considerations were the need to maintain firm and fair immigration control, coupled with the mother's appalling immigration history and the precariousness of her position when family life was created* ».

La justice des mineurs en transition : quelques réflexions…

Yves Cartuyvels
Professeur de criminologie
Université Saint-Louis-Bruxelles

Ce colloque fut riche d'interventions diverses. Je ne vais pas relever le pari de faire une synthèse des débats, en cherchant à rendre hommage à chacune et à chacun. Ce serait un exercice fastidieux et sans doute vain. Je propose plutôt, à partir des notes prises au cours de ces deux journées, quelques réflexions, partielles et partiales, sur les évolutions de la justice des mineurs en ce tournant des XXe et XXIe siècles.

Je vous propose de repartir d'un constat posé par Madame Kiriakides au cours de ce colloque : « *Au fond, l'évolution des pratiques en matière de justice des mineurs dépend avant tout de l'évolution de la société.* » Ce constat me paraît tout à fait pertinent : la justice des mineurs n'est pas un système fermé, clos sur lui-même, soumis à des évolutions purement endogènes. C'est un système ouvert sur son environnement, dont les éléments s'inscrivent dans le cadre de mutations qui affectent les politiques publiques en général et qui, en outre, traduisent des inflexions sociétales plus larges.

Au terme de ce colloque, on peut dès lors se poser une question : quelle est la marque dominante des évolutions contemporaines qui pèsent sur les politiques publiques et, en leur sein, sur la justice des mineurs ? On peut, me semble-t-il, mettre l'accent sur un changement fondamental : le déclin manifeste d'un modèle *Welfare*, lié à l'État providence et porteur d'une certaine vision de la justice des mineurs, et sa mise en question ou son dépassement à partir des années 1980 par un modèle de gouvernance à dominante néo-libérale. Porteur d'une idéologie inspirée par le *New Public*

Management, ce type de gouvernance est venu renouveler les discours et les pratiques dans les champs de la justice en général, de la justice pénale et de la justice des mineurs en particulier.

Pour mieux saisir cette évolution et ses enjeux, je propose de revenir d'abord sur quelques caractéristiques fortes de ces deux modèles, considérés ici comme des idéaux-types. La démarche appelle parfois à grossir le trait et ne doit pas faire oublier un élément important : les processus de transition sont souvent complexes et si les idéaux-types présentent deux modèles clairement différenciés, la réalité se trouve bien souvent dans un entre-deux. À cet égard, comme on a pu l'argumenter ailleurs, la justice des mineurs se situe sans doute aujourd'hui entre modèle *Welfare* et gouvernance néo-libérale[251]. Un peu à la manière où, dans le champ des politiques sociales, on évoque aujourd'hui le passage à un « État social actif », concept qui souligne bien à la fois l'héritage de la logique *Welfare* et sa progressive transformation pour faire droit aux idéaux d'activation et de responsabilisation propres au projet néo-libéral. Je proposerai ensuite, à partir des multiples interventions de ce colloque, quelques réflexions sur les inflexions néo-libérales propres à la justice des mineurs contemporaine, avant de m'interroger sur les possibles évolutions de cette justice au XXIe siècle.

La justice des mineurs sous régime Welfare : idéal solidariste et modèle tutélaire

Sur le plan social et politique, le modèle *Welfare*, tel qu'il émerge à la fin du XIXe siècle, est marqué par un principe de redistribution visant à diminuer les écarts entre possédants et possédés, capital et travail. Là où le modèle de l'État de droit libéral mettait l'accent sur une égalité formelle, il s'agit d'œuvrer à restaurer une égalité réelle entre les individus en luttant contre les divers types d'inégalités. Mais par ailleurs, ce

[251] Y. Cartuyvels, F. Bailleau (dir.), *La justice des mineurs en Europe. Entre modèle Welfare et inflexions néo-libérales*, Paris, L'Harmattan, 2007.

modèle est porté par une logique assurantielle qui souligne un transfert de responsabilité de l'individu vers l'État, ce dernier assumant la charge de garantir les individus contre les divers risques qui les menacent dans leur vie quotidienne, y compris les risques de délinquance. Le modèle est marqué par un idéal de justice sociale et sa politique de redistribution atteindra son apogée avec l'État providence au cours des « Trente Glorieuses ». Il est par ailleurs contemporain d'une société de classes où le conflit est accepté comme réalité et le compromis négocié par divers acteurs sociaux dans le cadre de sociétés industrielles dont le périmètre d'activités reste largement marqué par les contours de l'État.

Dans ce contexte, la justice des mineurs se pense comme un dispositif de prévention et de protection, d'éducation et de traitement, y compris par la sanction. Il faut en effet peut-être tordre le cou ici à une idée fausse : contrairement aux idées reçues, la pratique tutélaire a toujours eu recours à la sanction, fût-ce au prix d'une « mystification du langage » (van de Kerchove). Dans ce modèle, l'image du mineur oscille entre celles de déviant et de victime, l'accent étant toutefois mis de manière forte sur sa dimension de personne « socialement vulnérable [252] ». Face au mineur, on trouve un juge tutélaire, sorte de père par procuration, chargé d'éduquer un jeune à l'amour de la loi.

À partir des années 1980, les critiques commencent à pleuvoir sur ce système de justice paternaliste des mineurs. Il est perçu comme lacunaire en droit : les mesures prises à l'égard du mineur sont à durée indéterminée, fonction de son évolution ; le juge, prenant appui sur des experts psychosociaux, dispose d'un pouvoir exorbitant et ce n'est sans doute pas un hasard si les avocats dénigrent cette matière où les règles sont perçues comme trop floues.

Par ailleurs, deuxième critique, le modèle tutélaire, pétri de bonnes intentions, étend le contrôle social au-delà des limites légales avec l'idée de protéger des enfants « en danger » au nom

[252] L. Walgrave, *Délinquance systématisée des jeunes et vulnérabilité sociale*, Genève, Médecine et Hygiène, 1992.

de leur bien-être. La justice des mineurs sort régulièrement des cadres d'un « droit pénal de l'acte » au nom de l'intérêt de l'enfant, mais aussi de la défense de la société contre le risque de déviance. Enfin, l'absence de place faite à la victime et l'ineffectivité ou/et l'inefficacité de la réponse tutélaire à l'égard d'un certain nombre d'auteurs d'actes délinquants, notamment les grands adolescents de 16 à 18 ans, accentuent le questionnement sur le bien-fondé de ce modèle paternaliste de justice.

L'émergence d'un nouvel imaginaire néo-libéral et son impact sur les politiques publiques

Ces critiques émergent sur fond d'une remise en cause plus générale du modèle social de l'État providence et des modalités de fonctionnement des politiques publiques qu'il a développées. Sur le plan politique, le projet de l'État social est fortement critiqué, dans ses finalités et ses idéaux comme dans sa technologie et ses dispositifs. Je retiens ici quatre axes de critique, qui exerceront une influence sur l'évolution des politiques publiques, dont la justice et la justice des mineurs.

1°) Sous les coups de boutoir d'un discours néo-libéral qui s'impose comme la nouvelle doxa dominante, le projet solidariste et redistributeur de l'État providence devient un problème en lui-même, notamment au nom des effets pervers qu'il suscite en termes de lourdeur bureaucratique et d'immobilisme, mais aussi en raison de la passivité et d'un réflexe assistanciel qu'il créerait dans le chef de ses bénéficiaires. Dans le discours néo-libéral, un nouvel imaginaire émerge qui valorise la compétition et la responsabilité individuelle, naturalise l'écart entre capital et travail, valorise le profit comme idéal régulateur de l'action. L'accent est mis sur le scandale de la fraude sociale tandis que la fraude fiscale apparaît comme un avatar normal du système (sauf dans quelques rares et éphémères moments d'indignation collective). La logique du conflit est remplacée par un idéal de consensus, dans des sociétés où la « lutte des classes » est ringardisée comme héritage marxiste désuet au profit d'une

« concurrence des victimes ». Et sans doute est-ce, sur le plan idéologique, un des coups de maître de ce discours néo-libéral : être parvenu à faire passer l'idée, auprès des vulnérables et des exploités, que l'adversaire n'est pas la logique même du capitalisme post-industriel qui les réduit au rang d'assujettis mais bien d'autres démunis (étrangers, réfugiés, délinquants...) avec lesquels ils sont en lutte pour obtenir des parcelles d'aide et de reconnaissance comme victimes.

2°) Dans un projet de société qui valorise la compétition ouverte comme moteur de la croissance, le discours néo-libéral prône flexibilité et dérégulation. Comme le soutient Hayek, un des tenants du courant *Law and Economics*, la règle doit être réduite au strict minimum pour éviter de freiner les échanges et de faire obstacle à l'initiative des individus. En un mot : moins il y a de règles, mieux c'est. Plus l'individu a de liberté pour se fixer ses règles ou se construire son « self-service normatif » (Legendre), mieux c'est. Cette nouvelle vision de la règle et de sa place est sans doute loin d'être anodine. Elle introduit, dans divers milieux, un changement général du rapport à la loi dont l'effet pervers sera régulièrement dénoncé comme « estompement de la norme ». Car le corollaire de ce nouvel imaginaire de la règle est le suivant : perçue en hauts lieux (notamment dans les milieux économiques et financiers) comme frein, considérée comme un pur instrument utilisable, contournable ou manipulable en fonction des intérêts à défendre, la règle perd de sa substance comme incarnation d'un référentiel commun, marqueur d'un projet ou d'un cadre collectif qui fait sens pour tous. Sa portée symbolique est très largement décrédibilisée au profit de sa seule dimension instrumentale. Faut-il alors s'étonner de son « estompement » ? Faut-il s'étonner si, sur d'autres scènes, la règle « ne tient plus » et que des éducateurs par exemple aient du mal à la faire respecter ou exister auprès de jeunes dès lors que tous ses usages ailleurs pointent son inconsistance ? Sur ce point, le néo-libéralisme impose un registre de la règle auquel nombre de jeunes en difficultés adhèrent en fait parfaitement. À cet égard, leur déviance est au fond parfaitement conformiste.

3°) L'introduction, au cœur des politiques publiques d'une idéologie managériale qui se pose comme nouvel horizon régulateur de l'action. Avec le *New Public Management*, on assiste d'une part à l'émergence dans les services publics d'un nouveau vocabulaire qui tranche avec les termes plus anciens : efficience et indices de qualité (ou zéro défaut), rapidité et temps réel, client et service, bench-marking et évaluation, input et output, etc ; d'autre part, s'opère un glissement du management vers le *managérialisme*, soit ce point de rupture où le souci (légitime) de gestion efficace n'est plus pensé au service d'un projet spécifique mais devient sa propre finalité. Pour le dire autrement, le managérialisme marque ce passage à la limite où la gestion érigée en règle inféode le projet au service duquel elle est à ses propres exigences, inversant ainsi le rapport de priorités entre les deux éléments. Ce passage, qui se repère dans nombre d'institutions dont l'université, s'opère par ailleurs régulièrement au prix d'un paradoxe étonnant : si le discours du management s'est largement construit en réaction à la lourdeur du fonctionnement bureaucratique des appareils de l'État social, le managérialisme signe souvent le retour d'un vocabulaire (programmation, standardisation, uniformisation) et d'un mode de régulation (lourdeur et rigidité) qui rappelle singulièrement les idéaux du projet socialiste en URSS ou en Allemagne de l'Est avant la chute du mur de Berlin.

4°) Un dernier élément me semble à souligner. En régime néo-libéral, l'accent est mis sur la responsabilité individuelle bien plus que sur les engrenages collectifs. Assez logiquement, on assiste à un glissement identique dans l'explication de la déviance. Il n'est dès lors sans doute pas très étonnant de constater un déclin des analyses socio-politiques de la déviance, un certain discrédit porté sur les causalités économiques et sociales du crime, une disqualification des approches cliniques compréhensives qui s'intéressent au sens de l'acte ou au point de vue de son auteur. C'est que, dans cette logique responsabilisante, chercher à comprendre est suspect : l'explication est en effet soupçonnée de servir à excuser. En contrepartie, on assiste au retour d'une lecture étiologique du passage à l'acte dans la tradition des débuts de la criminologie.

Et les approches biologiques (longuement considérées comme taboues en raison des dérives de la biocriminologie nazie[253]), médicalisantes ou psychiatriques de la déviance gagnent du terrain dans le champ explicatif, tout comme les approches cognitivo-comportementales dans le domaine du traitement ou de la sanction.

La justice des mineurs en régime à dominance néo-libérale : quelques tendances fortes

Ce nouveau contexte néo-libéral qui marque les politiques publiques a aussi son influence sur les orientations de la justice des mineurs. Je mettrai ici l'accent sur quatre inflexions qui me semblent directement liées à ce nouvel imaginaire social dans la justice des mineurs.

1°) Un changement d'image des mineurs délinquants s'amorce. Longtemps perçus comme des jeunes vulnérables à protéger, forces potentielles de travail à éduquer et à réinsérer, les mineurs déviants sont perçus désormais prioritairement comme *menace ou risque à contrôler*. Ce discours de la menace repose souvent sur quelques faits divers spectaculaires qui occupent tout l'espace. Il est alors amplifié par le triangle magique que constituent les médias, l'opinion publique supposée et les acteurs politiques parfois accompagnés d'experts auto-proclamés. Mais ce discours prend aussi appui sur la religion des chiffres : à l'ère des *big data*, on se met à rêver aux promesses d'une gouvernance algorithmique qui permettrait de cartographier les risques, de prédire de manière objective les trajectoires et de prendre dès lors les mesures de précaution et de prévention qui s'imposent. Ce discours sur le risque et sa gestion actuarielle, traduction dans le champ judiciaire du « principe de précaution », connaît lui aussi des avancées dans le domaine de la déviance des jeunes. On se souvient, en France, du débat suscité il y a quelques années par un rapport de

[253]N. Rafter, "Criminology's Darkest Hour : Biocriminology in Nazi Germany", *The Australian and New Zealand Journal of Criminology*, 2008, 2, p. 287-306.

l'INSERM sur le dépistage précoce de troubles de comportements chez de jeunes enfants entre zéro et trois ans[254].

Déployé au nom du bien de la société comme des individus, ce discours du risque est extrêmement séduisant. Il est présenté comme axiologiquement neutre, a-théorique et a-politique, fondé sur des « faits » (exceptionnels ou statistiquement repérés) et centré uniquement sur l'efficacité et l'efficience des politiques qui se mettent en place en son nom. Il se heurte régulièrement, il est vrai, à la résistance des acteurs de terrain et des chercheurs, confrontés eux à toute la complexité de cas individuels qui ne se laissent pas nécessairement réduire à des unités statistiques. Souvent, « les mains dans le cambouis », ces acteurs se font les défenseurs du cas, parce que c'est bien la réalité d'un cas à laquelle ils sont chaque fois confrontés, là où d'autres rêvent d'une gouvernementalité par la règle (aujourd'hui statistique). On assiste ici, me semble-t-il, à une lutte entre deux types de savoir, qui reposent sur des postulats et des objectifs différents. Et si les acteurs de terrain cherchent à défendre une culture du cas, ils ont à mon sens intérêt à nouer une alliance objective avec des chercheurs qui s'inscrivent dans le même fil, notamment en développant des recherches-actions menées en commun. Seul ce type de recherche permet en effet d'opposer au rouleau compresseur médiatico-politique une résistance crédible, dès lors qu'elle prend appui sur un savoir consistant issu de l'expérience et des pratiques des acteurs de terrain. Pour l'heure, il reste que la bataille de l'image est inégale. Aussi, l'imaginaire croissant du risque tend à servir de socle à des orientations plus sécuritaires pour tous.

2°) À cet imaginaire du risque répond aussi une dualisation plus marquée de la représentation subjective du mineur. Longtemps, le mineur déviant a été considéré comme dénué de discernement et perçu comme un malade à traiter selon sa place dans le continuum de la déviance par rapport à la norme.

---

[254] Sur ce débat, Y. Cartuyvels, « Troubles de conduite et déviance : des amours en eaux troubles, Chronique de criminologie », *Revue de Droit pénal et de Criminologie*, n°4, avril 2009, p. 32-61.

Aujourd'hui, il apparaît désormais, dans la plus grande majorité des cas, comme un *acteur rationnel*, capable de poser des choix et appelé à en assumer les conséquences. Le principe de son irresponsabilité, qui était au fondement de la logique tutélaire, vacille au profit d'un discours qui met l'accent sur sa nécessaire responsabilisation par la sanction.
De là, s'entendent des appels réguliers à une repénalisation de la justice des mineurs, au nom de la nécessaire rétribution d'une faute à assumer mais aussi d'une croyance dans le potentiel éducatif de la peine. Cette image du mineur responsable est par ailleurs contrebalancée aux marges du système par celle du *mineur « vraiment » malade*. On voit en effet se multiplier, depuis une vingtaine d'années et comme dans la justice pénale des adultes, les constats de maladie mentale et exploser les demandes de psychiatrisation de la prise en charge des mineurs « difficiles ».

3°) Dans ce contexte, la justice des mineurs semble hésiter entre plusieurs orientations, ce qui se traduit par une *hybridation entre quatre tendances* de poids et d'importance différentes. D'une part, les dispositifs hérités du modèle Welfare subsistent : une justice spécialisée ; un juge des enfants aux pouvoirs importants ; des mesures ou sanctions souples ; des structures d'accueil en milieu ouvert et des institutions fermées marquées par une logique plus directement carcérale. De même, l'idéal éducatif n'est généralement pas abandonné comme tel, même si sa mise en œuvre se déploie autour d'autres idéaux et dispositifs.

D'autre part, ce système de justice est incontestablement pénétré par la logique néo-libérale et les différents accents évoqués plus haut qui lui sont associés. Comme dans les autres appareils de l'État, l'accent est mis sur le management et ses caractéristiques du côté des acteurs institutionnels, sur la responsabilisation et la « gestion de soi » (*self entrepreneurship*) du côté des « clients ». Ceci parfois au prix d'un transfert de responsabilité qui se conjugue à un déni ou un refus de prendre en compte les variables explicatives macro-sociales de la déviance des mineurs. Car, comme dit plus haut,

« chercher à comprendre, c'est déjà excuser ». Par ailleurs, en termes de prise en charge, on voit émerger autour du noyau dur des institutions pour jeunes de multiples dispositifs de contrôle, parfois appelés « dispositifs de troisième voie », ceci au prix du processus bien connu de « net widening » ou d'extension du filet socio-judiciaire.

Enfin, un courant néoconservateur pousse à l'adoption de textes et de pratiques plus clairement punitifs, notamment au nom de la prise en compte du désir de punition des victimes. C'est ainsi par exemple que surgissent, de temps à autre, des appels à la création de camps de redressement ou « boot camps » avec encadrement militaire et techniques comportementales (Ségolène Royal en 2011). Mais, le souci victimaire produit également un autre discours, axé sur la promotion d'une justice participative à vocation restauratrice, évoquée par Lode Walgrave lors de ce colloque. Si cette dernière voie paraît innovante et intéressante, son succès discursif contraste malheureusement avec son faible taux d'implémentation dans les pratiques dans de nombreux pays. La justice restauratrice reste en effet trop largement considérée, notamment dans les milieux judiciaires, comme une justice trop douce qui ne répond pas aux critères d'une « vraie réponse » à l'acte déviant.

4°) Enfin, une dernière inflexion concerne l'émergence d'un nouveau mode d'action publique, marqué par ce que les Anglo-Saxons appellent une « *multi actorial governance* », soit un travail en réseau fondé sur le partenariat et le décloisonnement des champs d'intervention. En Europe, cette nouvelle configuration s'est déployée d'abord dans le champ des politiques locales de sécurité (notamment les politiques de la ville) avec un objectif : sortir des logiques administratives sectorielles et verticales qui caractérisaient le modèle *Welfare*, en raison de leur incomplétude et de leur aveuglement aux réalités de terrain ; adopter, en contrepartie, des partenariats (en principe) horizontaux au niveau local, associant des acteurs divers travaillant à partir de positions multiples mais sur un même terrain. Sur ce plan, on peut considérer que la justice des mineurs avait un peu d'avance. Depuis longtemps, on connaît dans ce champ une logique d'action partenariale associant l'intervention des acteurs judiciaires au travail d'autres acteurs intervenant en milieu ouvert ou fermé. Mais cette tendance s'est fortement accentuée et généralisée ces dernières années. Pour autant, ce partenariat n'est pas facile. À vocation horizontale, il est souvent traversé par des rapports de pouvoir verticaux. Supposé consensuel, il donne régulièrement lieu à des conflits de lecture d'une même situation-problème, à des conflits d'intérêts entre partenaires, à des difficultés de coopération (que symbolise la question du secret professionnel) ou à des ratés (parfois un peu rapidement associés à des problèmes de communication).

Ces logiques partenariales peuvent être fécondes, mais à trois conditions. La première est de ne pas nourrir l'espoir que le cumul des regards soit susceptible de déboucher sur un « regard global » ou total à propos d'une situation donnée. Il y a là une illusion – qui nourrit certaines démarches multidisciplinaires – qui débouche rapidement sur le désenchantement, le désinvestissement et le repli de chacun sur son territoire. La seconde est de ne pas vouloir imposer son avis à l'autre (partenaire) comme un point de vue universel. À cet égard, il y a intérêt à privilégier des formes de coopération conflictuelle, soit des modes de coopération dans l'acceptation et le respect de points de vue divergents, quitte à pointer, dans le partenariat, des zones d'accord et de désaccord. Ceci est sans doute plus réaliste pour la survie même du partenariat que de chercher un consensus à tout prix, lequel cache souvent un rapport de force déguisé avec une demande adressée par l'acteur dominant à ses partenaires d'adhérer à son point de vue et à sa logique d'action. La troisième est de promouvoir des dispositifs qui favorisent l'interconnaissance et l'intercompréhension entre les partenaires. Ici aussi, le recours à des dispositifs de formation ou de recherche-action, associant autour d'une même problématique, des acteurs-partenaires dans le but de co-construire ensemble un savoir croisé, peut s'avérer utile[255].

---

[255] En Belgique, on propose à cet égard des formations qui reposent sur une méthode d'analyse en groupe (MAG) autour d'un récit de cas rapporté par un

Vers quelle justice des mineurs au XXIe siècle ?

Vers où va la justice des mineurs en ce début de XXIe siècle ? On peut dire qu'elle hésite, oscille entre plusieurs chemins et que l'avenir est incertain. Néanmoins, il me semble que deux éléments peuvent être mis en exergue.

Sur un plan formel, l'accent est mis sur le respect des droits en réaction aux dérives du modèle tutélaire et de sa logique de « bienfaisance armée »[256]. Les textes internationaux, à l'image de la Convention internationale des droits de l'enfant, fixent des balises et le retour accru aux principes classiques, tels que la légalité des incriminations et la proportionnalité des peines, est prévisible. Un retour du droit est perceptible dans ce domaine jusqu'ici juridiquement flou et ce retour est bienvenu. Le droit offre en effet un cadre qui fait barrage tant aux excès d'une logique instrumentale orientée par le seul souci d'efficacité qu'aux dérives d'une intervention intrusive qui se déploie au nom du bien de l'autre, produit stigmatisation et identification au rôle, alimente les prophéties auto-réalisatrices.

Sur le plan substantiel, un choix pourrait se dessiner entre deux orientations. La première est celle du « *What Works* ? », évoquée par Denis Lafortune, la seconde est la voie de la justice restauratrice, promue par Lode Walgrave. Ces voies sont porteuses d'un imaginaire et de pratiques très différentes dont la conciliation ne me paraît pas évidente, à supposer même qu'elle soit souhaitable. Sur la base des interventions de Denis Lafortune et de Lode Walgrave, on peut à gros traits souligner les points d'écarts suivants.

---

intervenant de terrain. Sur le fond, la méthodologie valorise les conflits d'interprétation, permet un processus d'appropriation des principaux enjeux de la situation étudiée et favorise la discussion et la compréhension réciproque des positions et des logiques d'action des uns et des autres (L. Van Campenhoudt, A. Franssen, F. Cantelli, « La méthode d'analyse en groupe », *Sociologies* (en ligne), 2009, 1-22.

[256] Expression tirée des travaux préparatoires de la loi belge de 1912.

Le modèle « *What Works* » répond bien aux standards du managérialisme contemporain et aux défis d'une lecture de la déviance sous l'angle de la réduction des risques. Il vise un traitement global et efficace du problème. Il s'inscrit dans une lignée utilitariste ou le bien du plus grand nombre fait figure de ligne éthique. C'est un modèle qui reste vertical et qui prend appui sur une logique d'expertise, dont les échelles de risques, le *testing* psychologique et les approches cognitivo-comportementales constituent trois piliers. Ce modèle continue à fonctionner au « dossier », privilégiant la trace écrite comme support premier du processus décisionnel. Il prône encore une logique de responsabilisation comme apprentissage et adaptation de l'individu à une norme hétéronome fixée de l'extérieur. Par contraste, le modèle restaurateur fait le pari habermassien d'une logique de discussion où le règlement du conflit est rendu aux parties, auteur et victime. Prenant ses distances avec le modèle de l'expert, on y fait le pari que le savoir du conflit et sa tentative de solution se construisent avec et par les protagonistes. Le modèle se veut horizontal, en prise sur « le monde vécu » de chacun. On y privilégie l'échange oral comme mode de traitement du conflit par deux sujets qui parlent. L'idéal de responsabilisation est également présent, mais passe ici par la confrontation des points de vue, un appel à la compréhension et la négociation entre sujets éthiques.

Les deux modèles partagent un point commun, qui est celui d'une remise en question d'un rapport rigide à la loi et aux principes du droit comme cadre régulateur. Mais, la remise en question se joue très différemment dans les deux cas. Dans le modèle restaurateur, la souplesse qu'induit un règlement négocié du conflit se déploie « à l'ombre de la loi ». On discute, on négocie, mais sous le contrôle d'acteurs publics qui viennent garantir le principe du raisonnable et s'assurer de ce que l'accord ne viole pas les principes légaux. Dans le modèle « *What works ?* » associé à la logique du risque, l'exigence d'efficience peut amener à se placer dans un « au-delà de la loi », comme le soulignait déjà à la fin du XIXe siècle Raymond Saleilles, pénaliste français, à propos du droit pénal de la dangerosité promu par la criminologie italienne.

Conclusion

Sigmund Freud disait : « *Il y a trois métiers impossibles : éduquer, psychanalyser et gouverner* ». Par cet « impossible », Freud ne voulait en rien dénigrer ces métiers mais bien souligner qu'ils se confrontaient à une tâche infinie, jamais terminée, toujours à reprendre. La boutade est donc une manière de dire que dans ces métiers, on se confronte à l'impossible au sens où la « solution finale » n'existe pas.

Si la finalité de la justice des mineurs garde une vocation éducative, on peut considérer que le mot de Freud a toute sa pertinence dans ce champ. Mais, impossible n'est pas synonyme d'impuissance. Comme cela a été évoqué, il existe toujours des « fenêtres d'opportunité » ouvrant des espaces d'innovation et de créativité.

Sans doute, la tendance aujourd'hui est-elle à une certaine rigidification des systèmes d'intervention. Le prix du « *What Works* » est aussi celui de l'uniformisation et de la standardisation, de la programmation et de la formalisation. Sans compter une certaine fascination pour la technique comme solution. Pourtant, les témoignages de jeunes en difficulté que l'on peut recueillir suggèrent l'importance d'un rapport humain chaque fois singulier, la place irremplaçable de l'écoute et de la confiance, la nécessité de laisser une place à l'expression d'un point de vue. C'est peut-être de ce côté-là qu'il faut, dans la justice des mineurs, continuer à bricoler.

Table des matières

Questions juridiques aux éditions L'Harmattan

Dernières parutions

LES MICRO-ÉTATS EUROPÉENS
Étude historique, juridique et fiscale
(Andorre, Liechtenstein, Monaco, Saint-Martin, Vatican)
Blevin Pierre-Alexis - Préface d'Anne-Marie Le Pourhiet
Morcelée pendant plusieurs siècles en diverses seigneuries et autres entités à caractère étatique, l'Europe est à la fin du XIXe siècle le théâtre d'une véritable refonte des États qui la composent. Les micro-États semblent dès lors rencontrer des difficultés dans l'affirmation de leur souveraineté. Ainsi, les garanties constitutionnelles et institutionnelles sont-elles suffisantes pour assurer leur indépendance et leur intégrité ? Cet ouvrage donne une véritable définition des « micro-États européens » et analyse leur résistance face à une évolution historique européenne majeure.
(Coll. Logiques Juridiques, 53.00 euros, 616 p.)
ISBN : 978-2-343-10015-9, ISBN EBOOK : 978-2-14-002545-7

QUEL STATUT SOCIAL POUR LE CHEF D'ENTREPRISE ET LE DIRIGEANT DE SOCIÉTÉS ?
Turc Annabelle – Préface de Gérard Vachet
Le statut social des dirigeants de sociétés est un sujet en constante évolution, en raison des changements de législation et du rapprochement du régime social des indépendants vers le régime salarié. Mais, pour connaître ou choisir son statut social, le chef d'entreprise (ou le mandataire social) doit se pencher sur de nombreux facteurs. Le statut social des dirigeants est-il susceptible d'évoluer vers une harmonisation du régime salarié et du régime social des indépendants (RSI) ? Et quel conseil donner au dirigeant en quête du statut le plus rentable pour lui ?
(Coll. Défis, 49.00 euros, 688 p.)
ISBN : 978-2-343-11093-6, ISBN EBOOK : 978-978-2-14-002819-9

LA SOCIÉTÉ PAR ACTIONS SIMPLIFIÉE ET LE FINANCEMENT D'ENTREPRISES EN DIFFICULTÉ
Feydel Romain
Le droit des sociétés français sait se montrer concurrentiel. La société par actions simplifiée (SAS), couplée au mécanisme de la procédure de sauvegarde accélérée, présente des avantages. Ce montage en cascade démontre la complémentarité du

fonds professionnel de capital investissement (FPCI) avec la SAS. Ainsi, la SAS permet de constituer une copropriété d'instruments financiers et de mettre en application la stratégie d'investissement. L'auteur démontre l'importance de la société de gestion de portefeuille, mais également de la holding de rachat, ainsi que de la filiation et du pacte d'actionnaires dans cette opération de *leveraged turn around.*
(20.50 euros, 204 p.)
ISBN : 978-2-343-10712-7, ISBN EBOOK : 978-2-14-002584-6

CRIMINALITÉ EN COL BLANC
Délinquance d'affaires, délinquance financière, délinquance fiscale
Sous la direction de Jacques Delga
Cet ouvrage à caractère pluridisciplinaire, où chaque auteur a librement choisi le thème à traiter, fait référence à la construction de modèles criminels astucieux. Il revient sur la difficulté de prévenir ou de réprimer le crime en col blanc, les renseignements, la cybercriminalité, la corruption ou encore la lutte contre les comptes bancaires non déclarés. De nombreux exemples français, mais aussi étrangers sont cités : Amazon, Société Générale, Clearstream, Madoff, Cahuzac, etc., permettant ainsi de revenir sur le traitement de cette criminalité en col blanc.
(Coll. Colloques et rencontres, 39.00 euros, 418 p.)
ISBN : 978-2-343-10388-4, ISBN EBOOK : 978-2-14-002649-2

GÉOGRAPHIES POLICIÈRES
Ignorance concertée et propagande ennemie
Fines Louise
Trois études de cas (les *starlight tours* au Canada ; les manifestations qui se sont déroulées au sommet du G8 à Gênes ; et l'intervention déployée à l'encontre des grévistes à Marikana) servent de prétexte pour explorer un phénomène historique : la neutralisation des personnes indésirables. En effet, à l'aune d'un idéal démocratique, il importe de mieux saisir les critères, circonstances et facteurs qui contribuent à faire en sorte que des individus sont classés dans la catégorie « personnes indésirables ».
(Coll. Questions contemporaines, 19.50 euros, 190 p.)
ISBN : 978-2-343-10689-2, ISBN EBOOK : 978-2-14-002576-1

QUELLE NOUVELLE POLITIQUE DE L'ÉNERGIE POUR L'UNION EUROPÉENNE ?
Azébazé Labarthe Danielle
Il faudra attendre 2009 pour qu'une politique de l'énergie soit introduite dans le droit européen, ce qui pousse à s'interroger sur la nature et la portée exacte des interventions de l'Union dans le domaine de l'énergie. Cette ébauche de politique énergétique trouvera son ancrage juridique dans des bases juridiques indirectes ou subsidiaires, et en particulier dans celles relatives à l'établissement d'un marché intérieur. Pourtant, l'énergie est loin d'être un objet économique ordinaire : la soumission de ce secteur aux seules règles du marché pourrait être préjudiciable. Il est donc nécessaire de prévoir une véritable politique énergétique commune.
(Coll. Logiques Juridiques, 55.00 euros, 634 p.)
ISBN : 978-2-343-10532-1, ISBN EBOOK : 978-2-14-002473-3

VOYAGE AU CŒUR DES PROPRIÉTÉS PUBLIQUES
Iacono Geneviève
Ce voyage au coeur des propriétés publiques tente de relever le défi d'une présentation simple et attractive du droit des propriétés publiques. L'ouvrage aborde de nombreux exemples de gestion domaniale (protection du domaine public maritime, gestion des forêts, consolidation des digues...) et traite les questions relatives aux grandes mutations du patrimoine des entreprises publiques (SNCF, la Poste ou EDF) pour illustrer la tension entre le droit européen de la concurrence et les exigences du service public. La difficile conciliation entre les logiques de protection et/ou de valorisation des propriétés publiques ouvre la réflexion sur ces enjeux.
(Coll. Le Droit aujourd'hui, 19.00 euros, 180 p.)
ISBN : 978-2-343-10495-9, ISBN EBOOK : 978-2-14-002512-9

ÉTHIQUE ET PATRIMOINE CULTUREL
Regards croisés
Sous la direction de Géraldine Goffaux Callebaut
Le droit ne permet plus de répondre seul à toutes les problématiques du patrimoine culturel et il faut souvent faire appel à d'autres types de règles, plus souples et souvent mieux partagées, que sont les règles éthiques. Ce sont essentiellement les professionnels qui en sont les bâtisseurs. Dans ce contexte, quel est le rôle de l'éthique ? Quel est le lien entre éthique et déontologie ? Quelle approche faut-il avoir de ce concept ? Éthique individuelle ou collective ? Éthique de l'institution, de la profession ? Codifiée ou informelle ?
(Coll. Droit du Patrimoine culturel et naturel, 36.00 euros, 350 p.)
ISBN : 978-2-343-10605-2, ISBN EBOOK : 978-2-14-002466-5

LE PROCÈS RANUCCI
Témoignage d'un juré d'assises
Donadini Geneviève - Préface de Gilles Perrault
Début 1976, le procès de Christian Ranucci a lieu au tribunal d'Aix-en-Provence. Il sera condamné à mort. Sa grâce sera refusée. Il sera guillotiné le 28 juillet 1976. Jeune mère de famille de 35 ans, Geneviève Donadini fit partie du jury d'assises. Elle a vécu dans le silence que lui imposait la loi pendant plusieurs décennies. Quarante ans après, elle raconte cette terrible expérience à laquelle elle a participé bien malgré elle et qui a marqué sa vie.
(Coll. La justice au quotidien, 13.00 euros, 106 p.)
ISBN : 978-2-343-10540-6, ISBN EBOOK : 978-2-14-002396-5

L'ORDRE JURIDIQUE COMMUNAUTAIRE DE LA CEMAC
Gnimpieba Tonnang Edouard
Préface de Bernard-Raymond Guimdo Dongmo
L'échec de l'Union douanière et économique de l'Afrique centrale (UDEAC) a poussé à remettre en question toutes les politiques d'intégration économique engagées depuis les accessions à la souveraineté internationale. Cet échec a conduit à relancer la construction communautaire sur de nouvelles bases visant un marché commun, garantissant la libre circulation des facteurs de production. Il s'agit de faire de l'espace de la CEMAC (Communauté économique et monétaire

des États d'Afrique centrale) un espace de liberté, de démocratie et d'États de droit devant reposer sur un nouvel ordre juridique.
(Harmattan Cameroun, 25.50 euros, 246 p.)
ISBN : 978-2-343-10512-3, ISBN EBOOK : 978-2-14-002503-7

L'INTERVENTION DES TIERCES PARTIES DANS LE RÈGLEMENT DES DIFFÉRENDS À L'OMC
Nguyen Ngoc Ha - Préface de Marie-Pierre Lanfranchi
L'intervention des tierces parties dans le règlement des différends à l'OMC présente des spécificités par rapport à d'autres juridictions internationales. Dans l'ensemble, ces spécificités permettent aux tierces parties de jouer un rôle important dans ce système, en répondant aux besoins d'information du juge, en aidant la défense des intérêts à différents niveaux et surtout en renforçant les capacités et compétences des pays en développement. L'intervention comporte parfois des risques et des limites, mais son bilan, globalement positif, plaide en faveur du renforcement des droits des tierces parties.
(48.00 euros, 576 p.)
ISBN : 978-2-343-10483-6, ISBN EBOOK : 978-2-14-002260-9

LES INSTRUMENTS DE L'ACTION PUBLIQUE ET LES DISPOSITIFS TERRITORIAUX
Sous la direction de Némery Jean-Claude, Thuriot Fabrice
Les instruments de l'action publique (IAP) recouvrent des réalités multiples déjà balisées par des travaux universitaires reconnus. Destinés au pilotage et au développement de l'action publique, ils sont constitués de politiques, de mesures et de dispositifs recouvrant des dimensions juridiques, financières, d'organisation et de communication. Cet ouvrage a pour but d'en montrer la diversité de conception, de gestion et d'effet, à travers des travaux théoriques, méthodologiques et empiriques dans plusieurs pays. Il couvre ainsi un large spectre de dispositifs de gouvernance, de développement durable, et de planification, d'Europe en Amérique du Nord, en passant par l'Afrique.
(Coll. Administration et Aménagement du Territoire, 24.50 euros, 234 p.)
ISBN : 978-2-343-10393-8, ISBN EBOOK : 978-2-14-002168-8

VICTOR HUGO ET LES MAGISTRATS
Foulon Marcel
Victor Hugo est le seul à avoir prononcé autant de condamnations *ad hominem* contre les magistrats de son siècle. Le XIXe siècle cherche en effet son présent et s'interroge sur son avenir. « L'homme-siècle » participe à tous ces débats et prononce ses condamnations en poète. Il croit à la puissance politique de la poésie. Le juriste et le citoyen pourront constater quels considérables changements a effectué le monde des juges depuis Hugo, mais aussi que, si aucun juge ne sanctionna ces magistrats iniques, c'est la poésie qui les condamna à la plus sévère des dégradations, celle de l'Histoire.
(Coll. Droit privé et sciences criminelles, 21.50 euros, 200 p.)
ISBN : 978-2-343-10413-3, ISBN EBOOK : 978-2-14-002185-5

L'HARMATTAN ITALIA
Via Degli Artisti 15; 10124 Torino
harmattan.italia@gmail.com

L'HARMATTAN HONGRIE
Könyvesbolt ; Kossuth L. u. 14-16
1053 Budapest

L'HARMATTAN KINSHASA
185, avenue Nyangwe
Commune de Lingwala
Kinshasa, R.D. Congo
(00243) 998697603 ou (00243) 999229662

L'HARMATTAN CONGO
67, av. E. P. Lumumba
Bât. – Congo Pharmacie (Bib. Nat.)
BP2874 Brazzaville
harmattan.congo@yahoo.fr

L'HARMATTAN GUINÉE
Almamya Rue KA 028, en face
du restaurant Le Cèdre
OKB agency BP 3470 Conakry
(00224) 657 20 85 08 / 664 28 91 96
harmattanguinee@yahoo.fr

L'HARMATTAN MALI
Rue 73, Porte 536, Niamakoro,
Cité Unicef, Bamako
Tél. 00 (223) 20205724 / +(223) 76378082
poudiougopaul@yahoo.fr
pp.harmattan@gmail.com

L'HARMATTAN CAMEROUN
TSINGA/FECAFOOT
BP 11486 Yaoundé
699198028/675441949
harmattancam@yahoo.com

L'HARMATTAN CÔTE D'IVOIRE
Résidence Karl / cité des arts
Abidjan-Cocody 03 BP 1588 Abidjan 03
(00225) 05 77 87 31
etien_nda@yahoo.fr

L'HARMATTAN BURKINA
Penou Achille Some
Ouagadougou
(+226) 70 26 88 27

L'HARMATTAN SÉNÉGAL
10 VDN en face Mermoz, après le pont de Fann
BP 45034 Dakar Fann
33 825 98 58 / 33 860 9858
senharmattan@gmail.com / senlibraire@gmail.com
www.harmattansenegal.com

Achevé d'imprimer par Corlet Numérique - 14110 Condé-sur-Noireau
N° d'Imprimeur : 137573 - Dépôt légal : avril 2017 - *Imprimé en France*

www.ingramcontent.com/pod-product-compliance
Lightning Source LLC
LaVergne TN
LVHW010937061026
849535LV00007B/2448
* 9 7 8 2 3 4 3 1 1 8 1 5 4 *